Vocabulary for All
English-German

bearbeitet von Miklós Szabó

Ernst Klett Verlag

Mitarbeit an diesem Werk:
Kenneth L. Warner, Verlagsredakteur

ISBN 3-12-518700-1

1. Auflage 1 7 6 5 4 | 1989 88 87 86 85

Alle Drucke dieser Auflage können im Unterricht nebeneinander benutzt werden.
Die letzte Zahl bezeichnet das Jahr dieses Druckes.

Druck: Stuttgarter Druckerei GmbH, Stuttgart.
Printed in Germany.

Inhalt

Vorwort

Das *Vocabulary for All* umfaßt den allgemeinen Wortschatz, der für die sprachliche Bewältigung der Situationen des Alltags benötigt wird. Er orientiert sich zunächst am englischen Grundwortschatz von 2000 Wörtern, der auch in dem vom Deutschen Volkshochschul-Verband geforderten englischen Mindestwortschatz seinen Niederschlag gefunden hat, umfaßt darüber hinaus aber weitere 1000 umgangssprachliche Wörter und Wendungen. Diese stellen das zusätzliche Wortmaterial des Unterrichtswerkes *English for All* dar.

Die sorgfältige Auswahl der Wörter und Wendungen aus in- und ausländischen Wortfrequenzlisten erfolgte nach den allgemein anerkannten Kriterien wie Häufigkeit, Streuung, Brauchbarkeit und Definitionswert. Sie ergab ein Konzentrat von Wörtern, mit dessen Beherrschung etwa 90% eines umgangssprachlichen Normaltextes erfaßt werden können.

Den zum 1. und 2. Tausend der englischen Sprache gehörigen Wörtern ist die entsprechende Frequenzziffer vorangestellt. Diese Gewichtung des Wortschatzes gibt dem Benutzer dieses Büchleins ein Differenzierungsprinzip an die Hand, das beim Erarbeiten der Wörter von Nutzen ist.

Die Angabe der internationalen Lautschrift aller Stichwörter, nicht nur der von den Grundregeln der englischen Aussprache abweichenden oder der erfahrungsgemäß häufig falsch ausgesprochenen Wörter, erspart dem Benutzer die parallele Verwendung eines Aussprachewörterbuchs.

Gebrauchsanweisung

Das Vocabulary for All ist alphabetisch geordnet. Seine Aneignung geschieht am besten folgendermaßen:

1. Lesen beider Spalten
2. Einprägen
3. Wiederholen (jeweils eine Spalte abdecken!)
4. Niederschreiben
5. Nachschlagen und Vergleichen

Es empfiehlt sich, Wörter, die sich auch bei aller Bemühung nicht dem Gedächtnis einprägen, mit einem Farbstift zu markieren und wiederholt in der angegebenen Weise zu erarbeiten. Es empfiehlt sich außerdem, nicht nur das gelernte einzelne Stichwort niederzuschreiben, sondern zu versuchen, es in einen sinnvollen Satz einzubetten. So kann gleichzeitig die Funktion des Wortes im Satz erhellt und der passive Sprachschatz aktiviert werden.

Abkürzungen

adj	Adjektiv (Eigenschaftswort)
adv	Adverb (Umstandswort)
Am	amerikanisch
Br	britisch
e-e	eine
e-m	einem
e-n	einen
e-r	einer
e-s	eines
etw	etwas
fig.	figurativ
jdm	jemandem
jds	jemandes
jn	jemanden
pl	Plural (Mehrzahl)
prp	Präposition (Verhältniswort)
s	Substantiv (Hauptwort)
sg	Singular (Einzahl)
s.o.	someone
s.th.	something
usw	und so weiter
v	Verb (Zeitwort)

Lautschrift

[']	bedeutet, daß die nachfolgende Silbe betont wird.
[ˌ]	bedeutet, daß die nachfolgende Silbe den Nebenton trägt.
[:]	bedeutet, daß der vorhergehende Laut lang zu sprechen ist.

Vokale

[ʌ]	kurzes a, wie in St*a*dt	but [bʌt]
[ɑ:]	langes a, etwa wie in B*a*hn	sardine [sɑ:'di:n]
[ai]	wie M*ai*, d*ei*n	nice [nais]
[æ]	ganz offener ä-Laut, offener als in S*ä*ttel	happy ['hæpi] ham [hæm]
[e]	kurzes e, wie in n*e*tt	bed [bed]
[ei]	von [e] zu [i] gleiten	station ['steiʃən]
[ɛə]	ä-Laut wie in B*ä*r, dann zu [ə] gleiten	there [ðɛə]
[ə]	kurzes, nur angedeutetes e in unbetonten Silben, etwa wie in bitt*e*, dank*e*	about [ə'baut], welcome ['welkəm]
[ə:]	ähnlich wie das ö in M*ö*rder, aber ohne Lippenrundung	German ['dʒə:mən], Germany ['dʒə:məni]
[əu]	auf das [ə] ein [u] folgen lassen:	hello [hə'ləu]
[iə]	auf das [i] ein kurzes [ə] folgen lassen, etwa wie in h*ie*r	here [hiə]
[ɔ]	kurzes offenes o, etwa wie in *o*ffen, K*o*pf	John [dʒɔn], not [nɔt]
[ɔ:]	langes offenes o, etwa wie in H*o*rn	hall [hɔ:l], all [ɔ:l]
[ɔi]	über offenes kurzes o zu i gleiten, wie in h*eu*te	boy [bɔi], Roy [rɔi]

Konsonanten

[ŋ]	wie in la*ng*	England ['iŋglənd]
[r]	Zunge leicht zurückrollen	Robert ['rɔbət]
[s]	stimmlos, wie in rei*ß*en, la*ss*en	salad ['sæləd], sir [sə:]
[z]	stimmhaft, wie in le*s*en, rei*s*en	is [iz], houses ['hauziz]
[θ]	[s] gesprochen mit der Zungenspitze zwischen den Zähnen	thank you ['θæŋkju]
[ð]	[z] gesprochen mit der Zungenspitze zwischen den Zähnen	this [ðis], there [ðɛə]
[ʃ]	wie in Ti*sch*	ship [ʃip], she [ʃi:]
[tʃ]	[t] mit nachfolgendem [ʃ], wie in Ma*tsch*	cheese [tʃi:z]

[ʒ]	wie in Gara*g*e, Lo*g*e	television [teli'viʒən]
[dʒ]	[d] mit nachfolgendem [ʒ], wie in In*g*enieur	John [dʒɔn], German ['dʒə:mən]
[v]	wie in *V*ioline	invitation [ˌinvi'teiʃən]
[w]	nicht wie dt. w, sondern mit vorgestülpten Lippen ein kurzes u bilden, dann zum nachfolgenden Selbstlaut übergehen	way [wei], welcome ['welkəm]

Alle übrigen Zeichen der Lautschrift entsprechen in Schrift und Lautung den Buchstaben des Alphabetes.

Beachten Sie: Ein d am Wortende darf nicht wie ein t ausgesprochen werden, sondern muß deutlich als d hörbar sein: cold [kəuld]. Ebenso darf ein g am Wortende nicht wie ein k ausgesprochen werden, sondern muß deutlich als g hörbar sein: egg [eg].

Alphabetische Wortliste

A

[1] **a, an** [ei/ə, æn/ən]	ein(e); je, pro
three times a day	*dreimal am Tag*
not a word	*kein Wort*
in a sense	*in gewissem Sinn*
What a view!	*Was für eine Aussicht!*
thirty miles an hour	*dreißig Meilen pro Stunde*
five pounds a week	*fünf Pfund in der Woche*
abandon [ə'bændən]	aufgeben; preisgeben; verzichten
[2] **ability** [ə'biliti]	Fähigkeit; Begabung
[1] **able** ['eibl]	fähig; tüchtig
be able	*können, imstande sein*
aboard [ə'bɔ:d]	an Bord; *Am* im Zug, Bus
[1] **about** [ə'baut]	um (... herum); umher; ungefähr, gegen; von, über
about that/it	*darüber, davon*
be about to	*im Begriff sein zu*
What about a drink?	*Wie wär's mit einem Drink?*
What's it about?	*Worum handelt es sich?*
and how about ...?	*und wie steht es mit ...?*
She had no money about her.	*Sie hatte kein Geld bei sich.*
[1] **above** [ə'bʌv]	1. *adv* über; oberhalb; 2. *adj* obig
above all	*vor allem*
see page six, above	*siehe oben, Seite 6*
abroad [ə'brɔ:d]	im/ins Ausland
from abroad	*aus dem Ausland*
go abroad	*ins Ausland gehen*
[2] **absence (of)** ['æbsəns]	Abwesenheit; Mangel (an)
[2] **absent** ['æbsənt]	abwesend; fehlend
be absent	*abwesend sein, fehlen*
absent-minded	*geistesabwesend, zerstreut*
[2] **absolutely** ['æbsəlu:tli]	vollkommen, absolut
accent ['æksent]	Akzent
[1] **accept** [ək'sept]	annehmen, hinnehmen
acceptable [ək'septəbl]	annehmbar
[2] **accident** ['æksidənt]	Unfall; Zufall
by accident	*zufällig; aus Zufall*
accidentally [ˌæksi'dentəli]	zufällig
accompany [ə'kʌmpəni]	begleiten
accompanied by	*begleitet/in Begleitung von*

[2] **according to** [ə'kɔ:diŋ]	gemäß, entsprechend, nach
accordingly	*demgemäß, dementsprechend*
[2] **account** [ə'kaunt]	Bericht; Rechnung; Konto
give an account of	*Bericht erstatten über*
have an account with a bank	*bei einer Bank ein Konto haben*
take into account	*berücksichtigen*
on account of	*wegen*
on no account	*unter keinen Umständen*
[2] **accustom oneself to** [ə'kʌstəm]	sich gewöhnen an
get accustomed to	*sich gewöhnen an*
[2] **ache** [eik]	schmerzen, weh tun
[2] **acquaint** [ə'kweint]	bekannt machen
be acquainted with	*bekannt sein mit*
acquire [ə'kwaiə]	erwerben; sich aneignen
[1] **across** [ə'krɔs]	(quer) über; durch
just across	*gerade gegenüber*
[2] **act** [ækt]	1. *s* Tat; *(e-s Schauspiels usw.)* Akt; Gesetz; 2. *v* tätig sein, handeln; *(Schauspiel usw.)* aufführen
in the (very) act	*auf frischer Tat*
You must act at once.	*Du mußt sofort handeln.*
[2] **action** ['ækʃən]	Handlung; Tätigkeit; Prozeß; Wirkung; Gefecht
[2] **active** ['æktiv]	tätig; aktiv; wirksam
[2] **activity** [æk'tiviti]	Tätigkeit; Aktivität; Wirksamkeit
actor ['æktə]	Schauspieler
actress ['æktris]	Schauspielerin
actual ['æktʃuəl]	tatsächlich; wirklich, eigentlich
[1] **add** [æd]	hinzufügen
add s. th. up	*etw zusammenzählen, addieren*
[2] **addition** [ə'diʃən]	Hinzufügung; Zusatz; Addition
[2] **address** [ə'dres]	1. *s* Adresse, Anschrift; Anrede; Ansprache; 2. *v* adressieren
address a letter to	*einen Brief adressieren an*
address a meeting	*auf einer Versammlung sprechen*
admiration [ˌædmə'reiʃən]	Bewunderung
[2] **admire** [əd'maiə]	bewundern
admission [əd'miʃən]	Eintritt, Zutritt
admission free	*Eintritt frei!*
[2] **admit** [əd'mit]	ein-, zulassen; zugeben, eingestehen
Children not admitted!	*Kinder haben keinen Zutritt!*

adult ['ædʌlt]	1. *s* Erwachsene(r); 2. *adj* erwachsen
adult education	*Erwachsenenbildung*
[2] **advance** [əd'vɑ:ns]	vorrücken, Fortschritte machen; befördern, fördern
advanced course	*Kurs für Fortgeschrittene*
in advance	*im voraus*
[2] **advantage** [əd'vɑ:ntidʒ]	Vorteil
take advantage of s.o./s.th.	*jdn/etw ausnutzen*
[2] **adventure** [əd'ventʃə]	Abenteuer
advertise ['ædvətaiz]	annoncieren; werben, Reklame machen
advertisement [əd'və:tismənt]	Anzeige; Reklame
[2] **advice** [əd'vais]	Rat
ask s.o.'s advice	*sich bei jdm Rat holen*
Take my advice!	*Hören Sie auf meinen Rat!*
[2] **advise** [əd'vaiz]	(be)raten
[1] **aeroplane** ['ɛərəplein]	Flugzeug
[2] **affair** [ə'fɛə]	Angelegenheit, Sache
[2] **afford** [ə'fɔ:d]	sich leisten, sich erlauben
I can't afford it.	*Ich kann es mir nicht leisten.*
[1] **afraid** [ə'freid]	bange, besorgt
be afraid of s.th.	*Angst haben vor etw*
I'm afraid he isn't here.	*Er ist leider nicht hier.*
[1] **after** ['ɑ:ftə]	nach; nachdem; nachher
one after another	*einer nach dem anderen*
after all	*nach allem, schließlich*
[1] **afternoon** ['ɑ:ftə'nu:n]	Nachmittag
in the afternoon	*nachmittags, am Nachmittag*
this afternoon	*heute nachmittag*
[2] **afterwards** ['ɑ:ftəwədz]	nachher, danach
[1] **again** [ə'gen]	wieder
again and again	*immer wieder*
[1] **against** [ə'genst]	gegen, wider
I'm not against it	*ich bin nicht/habe nichts dagegen*
[1] **age** [eidʒ]	Alter
at the age of	*im Alter von*
What's his age?	*Wie alt ist er?*
aged ['eidʒid]	bejahrt, betagt
agent ['eidʒənt]	Agent, Vertreter
[1] **ago** [ə'gəu]	vor(her)
a week ago	*vor einer Woche*
some time ago	*vor einiger Zeit*
long ago	*vor langer Zeit; lange her*

2 **agree** [ə'griː]	übereinstimmen; zustimmen
agree on/to	*sich einigen über, einverstanden sein mit*
agreed	*einverstanden*
I agree with you.	*Ich bin (auch) Ihrer Meinung.*
The climate doesn't agree with me.	*Das Klima bekommt mir nicht.*
agreement [ə'griːmənt]	Übereinstimmung; Vereinbarung, Übereinkommen; Abkommen
come to/make an agreement with s.o.	*ein Abkommen treffen mit jdm*
2 **ahead** [ə'hed]	vorwärts; voran; voraus
ahead of us	*vor uns*
2 **aim** [eim]	Ziel, Zweck, Absicht
1 **air** [ɛə]	Luft
travel by air	*mit dem/im Flugzeug reisen*
be on the air	*Funksprüche geben*
air force ['ɛə-fɔːs]	Luftwaffe
air-hostess ['ɛəˌhəustis]	Stewardess
airline ['ɛə-lain]	Fluglinie, -gesellschaft
airmail ['ɛə-meil]	Luftpost
airplane ['ɛə-plein] *Am*	Flugzeug
airport ['ɛə-pɔːt]	Flughafen
alarm [ə'lɑːm]	1. *s* Alarm; 2. *v* alarmieren; beunruhigen
alcohol ['ælkəhɔl]	Alkohol
2 **alike** [ə'laik]	gleich; ähnlich
2 **alive** [ə'laiv]	lebend; lebendig
keep alive	*am Leben bleiben*
1 **all** [ɔːl]	all(e); ganz
all right	*ganz recht; in Ordnung*
It's all right with me.	*Mir ist's recht.*
not at all	*überhaupt nicht*
all of us	*wir alle*
all the time	*die ganze Zeit*
all day long	*den ganzen Tag*
all the best	*alles Gute*
1 **allow** [ə'lau]	erlauben
1 **almost** ['ɔːlməust]	fast, beinahe
1 **alone** [ə'ləun]	allein
Let/Leave me alone!	*Laß mich in Ruhe!*
1 **along** [ə'lɔŋ]	längs, entlang
along the road	*die Straße entlang*
take s.o. along	*jdn mitnehmen*

Come along!	*Komm mit!*
How are you getting along?	*Wie geht es Ihnen denn?*
[2] **aloud** [ə'laud]	laut
[1] **already** [ɔ:l'redi]	schon, bereits
[1] **also** ['ɔ:lsəu]	auch
alter ['ɔ:ltə]	ändern
[2] **although** [ɔ:l'ðəu]	obwohl, obgleich
[2] **altogether** [ɔ:ltə'geðə]	völlig, ganz und gar; zusammen
[1] **always** ['ɔ:lwəz]	immer, stets
amateur ['æmətə:]	Amateur
[2] **American** [ə'merikən]	1. *adj* amerikanisch; 2. *s* Amerikaner(in)
[1] **among, amongst** [ə'mʌŋ(st)]	unter, zwischen
among other things	*unter anderem*
You must settle the matter among yourselves.	*Die Angelegenheit müßt Ihr unter Euch ausmachen.*
[2] **amount** [ə'maunt]	1. *s* Betrag; Menge; 2. *v* betragen
amount to	*sich belaufen auf*
[2] **amuse** [ə'mju:z]	unterhalten, belustigen
amuse oneself	*sich die Zeit vertreiben*
amusement [ə'mju:zmənt]	Unterhaltung, Vergnügen, Belustigung
ancient ['einʃənt]	sehr alt; antik
[1] **and** [ænd, ən(d)]	und
and so on	*und so weiter*
[2] **anger** ['æŋgə]	Zorn
[2] **angry** ['æŋgri] (angrier, angriest)	böse, zornig
be angry with s.o./at s.th.	*auf jdn/über etw böse sein*
He got angry.	*Er wurde böse.*
[1] **animal** ['æniməl]	Tier
anniversary [ˌæni'və:səri]	Jahrestag
announce [ə'nauns]	bekanntgeben; ankündigen, ansagen
announcement [ə'naunsmənt]	Bekanntmachung; Ankündigung, Ansage
annoy [ə'nɔi]	ärgern
be annoyed (at s.th./with s.o.)	*sich ärgern (über etw/über jdn)*
[1] **another** [ə'nʌðə]	ein anderer; noch ein(e)
May I have another cup of tea?	*Darf ich noch eine Tasse Tee haben?*
one after another	*einer nach dem andern*
one another	*einander*

at another time	*zu einer anderen Zeit*
1 **answer** ['ɑ:nsə]	1. *s* Antwort; 2. *v* antworten
in answer to your letter	*in Beantwortung Ihres Schreibens, als Antwort auf Ihr Schreiben*
answer a question	*eine Frage beantworten*
answer the phone	*ans Telefon gehen*
answer s.o. back	*jdm frech antworten*
2 **anxious (about)** ['æŋkʃəs]	ängstlich, besorgt (um, wegen)
be anxious to	*gespannt/darauf aus sein zu*
anxiety [æŋ'zaiəti]	Angst, Besorgnis; Bemühen
1 **any** ['eni]	(irgend)ein(e), jed(er) (beliebige); (irgend)etwas; (*in verneinten Sätzen:)* kein(e), nichts
Have you any money on/with you?	*Haben Sie Geld bei sich?*
I don't care any more.	*Es liegt mir nichts mehr daran.*
in any case, at any rate	*auf jeden Fall*
at any price	*um jeden Preis*
1 **anybody, anyone** ['enibɔdi, 'eniwʌn]	(irgend)jemand; jeder (beliebige)
Anybody else?	*Noch jemand?*
2 **anyhow, anyway** ['enihau, 'eniwei]	irgendwie; trotzdem, dennoch, doch
It's too late now, anyhow/anyway.	*Es ist zu spät jetzt, auf jeden Fall.*
1 **anything** ['eniθiŋ]	(irgend)etwas, jedes (beliebige)
Would you like anything else?	*Wünschen Sie sonst noch etwas?*
2 **anywhere** ['eniwɛə]	irgendwo; überall; irgendwohin
2 **apart** [ə'pɑ:t]	abseits, abgesondert
The two houses are a mile apart.	*Die beiden Häuser liegen eine Meile voneinander entfernt.*
apart from	*abgesehen von*
apartment [ə'pɑ:tmənt]	Wohnung
ape [eip]	Affe
apologize (to s. o. for s. th.) [ə'pɔlədʒaiz]	sich entschuldigen (bei jdm wegen etw)
apology [ə'pɔlədʒi]	Entschuldigung
1 **appear** [ə'piə]	scheinen; erscheinen
2 **appearance** [ə'piərəns]	Anschein; Erscheinung; Äußere(s)
by his appearance	*seinem Aussehen nach*
applause [ə'plɔ:z]	Beifall, Applaus
1 **apple** ['æpl]	Apfel
applicant ['æplikənt]	Bewerber

application [ˌæpliˈkeiʃən]	Anwendung; Bewerbung; Antrag
letter of application	*Bewerbungsschreiben*
make an application	*sich bewerben; einen Antrag stellen*
[2] **apply** (to) [əˈplai]	anwenden (auf)
This does not apply to you.	*Das gilt nicht für dich.*
apply for a job	*sich um eine Stelle bewerben*
[2] **appoint** [əˈpɔint]	festsetzen, bestimmen
appoint s.o. director	*jdn zum Direktor ernennen*
appointment [əˈpɔintmənt]	Ernennung; Anstellung; Verabredung
make an appointment (with s.o.)	*sich verabreden (mit jdm); sich anmelden (bei jdm)*
appreciate [əˈpriːʃieit]	(zu) schätzen (wissen); (zu) würdigen (wissen)
[2] **approach** [əˈprəutʃ]	1. *s* Zutritt, Zugang; Annäherung; 2. *v* sich nähern
approach a problem	*an ein Problem herangehen*
[2] **approve of s.th.** [əˈpruːv]	etw billigen, zustimmen; einverstanden sein mit etw
[1] **April** [ˈeiprəl]	April
arctic [ˈɑːktik]	arktisch
area [ˈɛəriə]	Fläche; Gebiet
[2] **argue** [ˈɑːgjuː]	argumentieren; erörtern; streiten
[2] **argument** [ˈɑːgjuːmənt]	Beweis(führung); Auseinandersetzung
[2] **arise** [əˈraiz] (**arose, arisen**)	entstehen, entspringen
A new problem has arisen.	*Ein neues Problem ist aufgetaucht.*
[1] **arm** [ɑːm]	Arm
armchair [ˈɑːmˈtʃɛə]	Lehnstuhl, Sessel
[2] **arms** [ɑːmz]	Waffen
be under arms	*unter Waffen stehen*
[1] **army** [ˈɑːmi]	Heer, Armee
[1] **around** [əˈraund]	ringsherum; um ... herum; *Am* ungefähr
[2] **arrange** [əˈreindʒ]	(an)ordnen; einrichten; ab-, ausmachen; zustande bringen
arrange a meeting	*ein Treffen veranstalten*
[2] **arrangement** [əˈreindʒmənt]	Anordnung; Einrichtung; Abmachung
make arrangements	*Vorkehrungen treffen*
come to an arrangement	*zu einer Einigung kommen*
arrest [əˈrest]	verhaften; auf-, anhalten

2 **arrival** [ə'raivəl]	Ankunft
on his arrival	*bei seiner Ankunft*
1 **arrive** [ə'raiv]	ankommen
2 **art** [ɑ:t]	Kunst; Kunstfertigkeit
work of art	*Kunstwerk*
the fine arts	*die schönen/bildenden Künste*
2 **artist** ['ɑ:tist]	Künstler(in)
2 **article** ['ɑ:tikl]	Artikel; Gegenstand; Abschnitt
artificial [ˌɑ:ti'fiʃəl]	künstlich
1 **as** [æz, əz]	wie, als; so; da, weil
as far as	*so weit wie*
as for me	*was mich betrifft*
as if/as though	*als ob*
You can do that as well.	*Das kannst du auch tun.*
as well as	*ebensogut wie, sowohl ... als auch*
2 **ash**(**es**) ['æʃ(iz)]	Asche
2 **ashamed** [ə'ʃeimd]	beschämt
feel ashamed (of s.th./s.o.)	*sich (e-r Sache/Person) schämen*
2 **aside** [ə'said]	beiseite
Step aside!	*Geh zur Seite!*
I put the book aside.	*Ich legte das Buch beiseite.*
1 **ask** [ɑ:sk]	fragen; bitten; fordern
ask a question	*eine Frage stellen*
ask s.o. for s.th.	*jdn nach etw fragen*
ask s.o. a favour	*jdn um e-n Gefallen bitten*
I want to ask your advice.	*Ich möchte Sie um Rat fragen.*
She asked me about my work.	*Sie erkundigte sich nach meiner Arbeit.*
Ask him the way!	*Frag ihn nach dem Weg!*
Ask him in!	*Bitten Sie ihn herein!*
2 **asleep** [ə'sli:p]	schlafend; eingeschlafen
be asleep	*schlafen*
fall asleep	*einschlafen*
2 **assist** [ə'sist]	helfen, unterstützen
2 **assistant** [ə'sistənt]	Assistent; Mitarbeiter
association [əˌsəusi'eiʃən]	Vereinigung; Gesellschaft
2 **assure** [ə'ʃuə]	überzeugen; garantieren
2 **astonish** [əs'tɔniʃ]	erstaunen, überraschen
be astonished (at)	*erstaunt sein/sich wundern (über)*
to my astonishment	*zu meinem größten Erstaunen*
astronaut ['æstrənɔ:t]	Astronaut
1 **at** [æt/ət]	an; in; um; zu; bei; über
at breakfast	*beim Frühstück*
at the customs	*beim Zoll*

at school	*in der Schule*
at top speed	*mit Höchstgeschwindigkeit*
at last	*zuletzt*
at eight o'clock	*um 8 Uhr*
not at all	*überhaupt nicht*
at least	*wenigstens*
at once	*sofort*
atom ['ætəm]	Atom
atom bomb ['ætəm'bɔm]	Atombombe
atomic [ə'tɔmik]	atomar; Atom-
[2] **attack** [ə'tæk]	1. *s* Angriff; *(in der Medizin)* Anfall 2. *v angreifen*
[2] **attempt** [ə'tempt]	1. *s* Versuch; 2. *v* versuchen
[2] **attend** [ə'tend]	besuchen; betreuen, bedienen; *(in der Medizin)* behandeln
attend to s.o.	*sich befassen mit jdm, sich kümmern um jdn*
[2] **attention** [ə'tenʃən]	Aufmerksamkeit
call/draw attention to	*aufmerksam machen auf*
pay attention to	*achten auf*
Pay attention!	*Paß(t) auf!*
[2] **attract** [ə'trækt]	anziehen, fesseln
attraction [ə'trækʃən]	Anziehung(skraft); Attraktion
attractive [ə'træktiv]	anziehend, fesselnd
[1] **August** ['ɔ:gəst]	August
[1] **aunt** [ɑ:nt]	Tante
automatic [ɔ:tə'mætik]	automatisch
automation [ˌɔ:tə'meiʃən]	Automation
[1] **autumn** ['ɔ:təm]	Herbst
available [ə'veiləbl]	verfügbar; vorhanden
be available	*erhältlich sein; (Person) zu sprechen sein*
[2] **average** ['ævəridʒ]	Durchschnitt; durchschnittlich
above/below average	*über/unter dem Durchschnitt*
on the/an average	*im Durchschnitt*
[2] **avoid** [ə'vɔid]	(ver)meiden; ausweichen; umgehen
[2] **awake** [ə'weik]	wach, munter
aware [ə'wεə]	bewußt, gewahr
be aware of s.th.	*sich e-r Sache bewußt sein*
[1] **away** [ə'wei]	weg, fort; entfernt; abwesend
go away	*weggehen; verreisen*
give away	*verschenken*
right/straight away	*sofort, auf der Stelle*
awful ['ɔ:ful]	schrecklich, furchtbar

B

2 **baby,** ***pl*** **babies** ['beibi, -z]	Säugling, Baby
1 **back** [bæk]	1. *s* Rücken, Rückseite; 2. *adv* zurück, rückwärts
at the back of	*hinter*
backdoor ['bæk'dɔ:]	Hintertür
background ['bækgraund]	Hintergrund
2 **backwards** ['bækwədz]	rückwärts, nach hinten
2 **bacon** ['beikən]	Speck
1 **bad** [bæd] **(worse, worst)**	schlecht; schlimm, übel
have a bad finger	*e-n schlimmen Finger haben*
I feel very bad about it.	*Es tut mir sehr leid.*
not (so) bad	*nicht übel, es geht*
bad-tempered	*schlechtgelaunt*
He wants it badly.	*Er braucht es dringend.*
be badly off	*(finanziell) schlecht dran sein*
1 **bag** [bæg]	Tasche, Tüte; Sack
baggage ['bægidʒ]	Reisegepäck
1 **bake** [beik]	backen
1 **baker** ['beikə]	Bäcker
2 **balance** ['bæləns]	Waage; Gleichgewicht; Bilanz
keep one's balance	*das Gleichgewicht/(fig.) den Kopf bewahren*
lose one's balance	*das Gleichgewicht/(fig.) den Kopf verlieren*
balcony ['bælkəni]	Balkon
1 **ball** [bɔ:l]	Ball; Kugel
2 **band** [bænd]	Band; Schar; Bande; Musikkapelle
2 **bank** [bæŋk]	(Fluß-)Ufer; Böschung; Bank
keep money in the bank	*Geld auf der Bank haben*
bank-note ['bæŋknəut]	Banknote
2 **bar** [bɑ:]	Stange; Riegel; Schanktisch; Bar
2 **bare** [bɛə]	nackt, bloß
bargain ['bɑ:gin]	1. *s* (Gelegenheits-)Kauf; Abmachung; 2. *v* handeln, feilschen
make a good bargain	*billig einkaufen*
It's a bargain!	*Abgemacht!*
2 **barrel** ['bærəl]	Faß
barricade [ˌbæri'keid]	Barrikade
base [beis]	1. *s* Sockel, Basis; 2. *adj* gemein; niedrig
be based on	*basieren auf*
2 **basin** ['beisn]	Becken; Schale

[1] **basket** ['bɑ:skit]	Korb
[2] **bath** [bɑ:θ]	Bad
have/take a bath	*ein Bad nehmen, sich baden*
[2] **bathe** [beið]	baden, schwimmen
[2] **bathroom** ['bɑ:θrum]	Badezimmer
[2] **battle** ['bætl]	Schlacht
[2] **bay** [bei]	Bucht
[1] **be** [bi:/bi] **(was, been)**	sein
be in	*zu Hause sein*
be out	*nicht zu Hause sein*
there is/are	*es gibt*
Am I to come, too?	*Soll ich auch kommen?*
we were told	*man hat uns gesagt*
The car was repaired.	*Der Wagen wurde repariert.*
How are you?	*Wie geht's? Guten Tag.*
There you are!	*Da sind Sie ja! Da haben Sie es!*
What's it about?	*Worum handelt es sich?*
be in love with s.o.	*verliebt sein in jdn*
I won't be a minute.	*Ich werde kaum noch eine Minute brauchen.*
That'll be two pounds.	*Das macht/kostet zwei Pfund.*
beach [bi:tʃ]	Strand
[2] **beam** [bi:m]	1. *s* Balken; Strahl; 2. *v* strahlen
beam with joy	*vor Freude strahlen*
[2] **bean** [bi:n]	Bohne
[2] **bear** [bɛə]	Bär
[1] **bear** [bɛə] **(bore, borne)**	tragen; ertragen, aushalten; gebären, hervorbringen
bear in mind	*im Gedächtnis behalten*
I cannot bear him/it.	*Ich kann ihn/es nicht ausstehen/leiden.*
[2] **beard** [biəd]	Bart
beast [bi:st]	Tier; Vieh
[1] **beat** [bi:t] **(beat, beaten)**	schlagen; (aus)klopfen
That beats everything!	*Da hört doch alles auf! Das ist ein starkes Stück!*
[1] **beautiful** ['bju:tiful]	schön; herrlich
[1] **beauty** ['bju:ti]	Schönheit
[1] **because** [bi'kɔz]	weil
because of	*wegen*
[1] **become** [bi'kʌm] **(became, become)**	werden
What has become of him/it?	*Was ist aus ihm/daraus geworden?*

1 **bed** [bed]	Bett
go to bed	*ins Bett gehen*
2 **bedroom** ['bedrum]	Schlafzimmer
2 **bee** [bi:]	Biene
beef [bi:f]	Rindfleisch
2 **beer** [biə]	Bier
1 **before** [bi'fɔ:]	vor; bevor, ehe; vorher
the day before	*tags zuvor*
before long	*in Kürze*
2 **beg** [beg]	bitten; flehen; betteln
I beg your pardon?	*Wie bitte?*
2 **beggar** ['begə]	Bettler
1 **begin** [bi'gin] **(began, begun)**	anfangen, beginnen
to begin with	*erstens*
1 **beginning** [bi'giniŋ]	Anfang, Beginn
in/at the beginning	*am Anfang*
2 **behave** [bi'heiv]	sich benehmen, sich verhalten
Behave yourself!	*Benimm dich!*
behaviour [bi'heivjə]	Benehmen, Verhalten
1 **behind** [bi'haind]	hinter; hinten, dahinter
leave behind	*liegenlassen, vergessen*
stay behind	*zurückbleiben*
2 **belief** [bi'li:f]	Glaube
1 **believe** [bi'li:v]	glauben; denken, meinen
believe in	*glauben an, vertrauen auf*
1 **bell** [bel]	Glocke; Klingel
1 **belong (to)** [bi'lɔŋ]	gehören; angehören
belongings *pl* [bi'lɔŋiŋz]	Eigentum, Habe
1 **below** [bi'ləu]	unterhalb; unten
2 **belt** [belt]	Gürtel; Treibriemen
2 **bench** [bentʃ]	(Sitz-) Bank; Werkbank
1 **bend** [bend] **(bent, bent)**	1. *v* biegen; (sich) beugen;2. *s* Kurve
bend down	*sich bücken*
beneath [bi'ni:θ]	unter; unten
2 **berry** ['beri]	Beere
1 **beside** [bi'said]	neben; außer
He's beside himself with joy/rage.	*Er ist außer sich vor Freude/Wut.*
2 **besides** [bi'saidz]	außerdem; neben, abgesehen von
1 **best** [best]	1. *adj* beste(r, s); am besten; 2. *s* das Beste
do one's best	*sein möglichstes/bestes tun*
Let's make the best of it.	*Wir wollen das Beste daraus machen.*
at (the) best	*im günstigsten Fall*

[1] **better** ['betə]	1. *adj* besser; 2. *s* das Bessere
He's better off than you.	*Es geht ihm wirtschaftlich besser als Ihnen.*
He is getting better now.	*Es geht ihm (gesundheitlich) wieder besser.*
so much/all the better	*um so besser*
You'd better go now.	*Du solltest jetzt lieber gehen.*
get the better of s.o.	*jdn übervorteilen/übers Ohr hauen*
[1] **between** [bi'twi:n]	zwischen, unter *(zweien)*
between you and me	*unter uns gesagt*
[1] **beyond** [bi'jɔnd]	jenseits; über ... hinaus
beyond doubt	*zweifellos*
[2] **bicycle** ['baisikl]	Fahrrad
[1] **big** [big] **(bigger, biggest)**	groß; dick; hoch
He talks big.	*Er redet/spuckt große Töne.*
[2] **bill** [bil]	Rechnung; Schein; Gesetzentwurf; Anschlag(zettel), Plakat
Stick/Post no bills!	*Ankleben verboten!*
[2] **bind** [baind] **(bound, bound)**	binden; verpflichten
[1] **bird** [bə:d]	Vogel
[1] **birth** [bə:θ]	Geburt; Ursprung
by birth	*von Geburt*
[1] **birthday** ['bə:θdei]	Geburtstag
[1] **bit** [bit]	Bissen; Stückchen
a bit (of)	*ein bißchen*
not a bit	*kein bißchen, nicht im geringsten*
bit by bit	*Stück für Stück, nach und nach*
[1] **bite** [bait] **(bit, bitten)**	1. *v* beißen; 2. *s* Biß, Bissen
[1] **bitter** ['bitə]	bitter
[1] **black** [blæk]	schwarz
[2] **blackboard** ['blækbɔ:d]	(Wand-)Tafel
[2] **blame** [bleim]	1. *s* Tadel; Schuld; 2. *v* tadeln, Vorwürfe machen
put/lay the blame on s.o.	*jdm die Schuld zuschieben*
he is to blame for	*er ist schuld an*
blanket ['blæŋkit]	(Woll-) Decke; Bettdecke
bleed [bli:d] **(bled, bled)**	bluten
[2] **bless** [bles]	segnen
[2] **blind** [blaind]	blind
go/become blind	*erblinden*
[2] **block** [blɔk]	1. *s* Block, Klotz; 2. *v* (ab-, ver-) sperren, blockieren
[1] **blood** [blʌd]	Blut
in cold blood	*kaltblütig*

2 **bloom, blossom** [blu:m, 'blɔsəm]	1. *s* Blüte; 2. *v* blühen
2 **blouse** [blauz]	Bluse
2 **blow** [bləu] **(blew, blown)**	1. *v* blasen; wehen; 2. *s* Schlag
blow out	*auslöschen, -blasen*
blow up	*aufpumpen; (in die Luft) sprengen; explodieren; (Fotografie) vergrößern*
blow one's nose	*sich die Nase putzen*
1 **blue** [blu:]	blau
out of the blue	*plötzlich, unerwartet*
a bolt from the blue	*ein Blitz aus heiterem Himmel*
1 **board** [bɔ:d]	Brett; (Anschlag-) Tafel; Tisch; Kost; Pension; Vorstand; Verwaltung
on board	*an Bord*
board and lodging	*Unterkunft und Verpflegung*
boast [bəust] **(of/about)**	angeben, prahlen (mit)
1 **boat** [bəut]	Boot
1 **body** ['bɔdi]	Körper; Leiche; *(eines Autos usw)* Karosserie
1 **boil** [bɔil]	kochen; sieden
2 **bold** [bəuld]	kühn, keck, dreist
bomb [bɔm]	1. *s* Bombe; 2. *v* bombardieren
2 **bone** [bəun]	Knochen; Gräte
1 **book** [buk]	1. *s* Buch; Heft; 2. *v* buchen; *(Platz)* (vor)bestellen; *(Telefongespräch)* anmelden
2 **border** ['bɔ:də]	Grenze; Rand; Saum
border on	*grenzen an*
bore [bɔ:]	bohren; langweilen
I am bored.	*Ich langweile mich.*
boring	*langweilig*
What a bore!	*So etwas Langweiliges!*
1 **born** [bɔ:n]	geboren
He was born in 1940.	*Er ist 1940 geboren.*
2 **borrow** ['bɔrəu] **(from)**	(sich) borgen, entleihen (von)
boss [bɔs]	Chef, Meister; Vorgesetzter
1 **both** [bəuθ]	beide(s)
both of us/them	*wir/alle beide*
bother ['bɔðə]	belästigen
1 **bottle** ['bɔtl]	Flasche
1 **bottom** ['bɔtəm]	Boden, Grund
at the bottom of page ...	*unten auf Seite ...*
in the bottom of the cup	*auf dem Grunde der Tasse*

[2] **bow** [bəu]	Bogen; Schleife
[2] **bow** [bau]	1. *v* sich verbeugen, sich verneigen; 2. *s* Verbeugung
make a bow (to)	*sich verbeugen (vor)*
[2] **bowl** [bəul]	Schüssel; Schale
[1] **box** [bɔks]	Schachtel
[1] **boy** [bɔi]	Knabe, Junge
[2] **brain** [brein]	Gehirn
He has brains.	*Er hat Köpfchen.*
[1] **branch** [brɑ:ntʃ]	Ast; Zweigstelle
[2] **brave** [breiv]	tapfer; tüchtig
bravery ['breivəri]	Tapferkeit
[1] **bread** [bred]	Brot
(slice of) bread and butter	*Butterbrot*
[1] **break** [breik] **(broke, broken)**	brechen; zerbrechen, zerschlagen; kaputt gehen
break down	*zusammenbrechen; versagen*
break off	*abbrechen; aufhören*
break out	*ausbrechen*
break up	(Versammlung) *auflösen; beenden*
break an engagement	*eine Verlobung lösen*
School breaks up on the 25th July.	*Der letzte Schultag ist der 25. Juli.*
break the news to s.o.	*jdm die Mitteilung machen*
in broken English	*in gebrochenem Englisch*
without a break	*ohne Pause, ununterbrochen*
[1] **breakfast** ['brekfəst]	Frühstück
have breakfast	*frühstücken*
[1] **breast** [brest]	Brust
[2] **breath** [breθ]	Atem; Hauch
He took a deep breath.	*Er holte tief Atem.*
out of breath, breathless	*außer Atem, atemlos*
[1] **breathe** [bri:ð]	atmen
[2] **brick** [brik]	Ziegelstein
[1] **bridge** [bridʒ]	Brücke
[1] **bright** [brait]	hell, klar; leuchtend; heiter; aufgeweckt
[1] **bring** [briŋ] **(brought, brought)**	bringen
bring about	*zustande bringen*
bring to an end	*beenden*
bring up	*heraufbringen; auf-, erziehen; vorbringen*
[2] **British** ['britiʃ]	britisch

[1] **broad** [brɔ:d]	breit; weit
in broad daylight	*mitten am Tage*
[2] **broadcast** ['brɔ:dkɑ:st]	1. *s* Rundfunksendung, Übertragung; 2. *v* senden, ausstrahlen, übertragen
[1] **brother** ['brʌðə]	Bruder
[1] **brown** [braun]	braun
[1] **brush** [brʌʃ]	1. *s* Bürste; 2. *v* (aus)bürsten
brush up	(Kenntnisse) *auffrischen*
brush one's teeth	*seine Zähne putzen*
[1] **build** [bild] **(built, built)**	bauen
[1] **building** ['bildiŋ]	Gebäude, Bauwerk
bull [bul]	Bulle, Stier
[2] **bunch** [bʌntʃ]	Bündel, Bund; Strauß
[1] **burn** [bə:n] **(burnt, burnt)**	(ver)brennen
[2] **burst** [bə:st] **(burst, burst)**	platzen, bersten; zerspringen
burst in	*hereinplatzen*
burst into tears	*in Tränen ausbrechen*
burst out laughing	*in Gelächter ausbrechen*
[2] **bury** ['beri]	begraben, vergraben
[1] **bus** [bʌs]	Bus, Omnibus
go by bus	*mit dem Bus fahren*
catch the bus	*den Bus erwischen*
miss the bus	*den Bus/(fig) eine Gelegenheit verpassen*
bus-conductor	*Busschaffner*
[2] **bush** [buʃ]	Busch, Strauch
beat about the bush	*(fig) wie die Katze um den heißen Brei herumlaufen*
[1] **business** ['biznis]	Geschäft; Angelegenheit
on business	*geschäftlich*
That's none of your business!	*Das geht Sie/dich nichts an!*
He means business.	*Er meint es ernst.*
business hours	*Geschäftszeit*
[1] **busy** ['bizi] **(busier, busiest)**	geschäftig, fleißig; beschäftigt; belebt
This is a busy street.	*Das ist eine verkehrsreiche Straße.*
[1] **but** [bʌt]	aber; sondern; außer
There was nobody but me.	*Außer mir war niemand da.*
all but one	*alle bis auf einen*
but for	*ohne; wenn nicht ... gewesen wäre*
[2] **butcher** ['butʃə]	Fleischer, Metzger, Schlachter
[1] **butter** ['bʌtə]	Butter
[1] **button** ['bʌtn]	Knopf
press the button	*auf den Knopf drücken*

1 **buy** [bai] **(bought, bought)** — kaufen
buy a ticket — *eine Fahrkarte lösen*
1 **by** [bai] — durch, von; mit; neben, bei; an
written by M. — *geschrieben von M.*
go by car/tram/train — *mit dem Wagen/der Straßenbahn/dem Zug fahren*
go/walk by ... — *an ... vorbeigehen/vorübergehen*
by day — *tagsüber*
by night — *nachts*
by next Monday — *bis (spätestens) nächsten Montag*
by accident — *durch Zufall, zufällig*
by the way — *nebenbei*
by the dozen/pound — *dutzendweise/pfundweise*
(all) by oneself — *ganz allein; ohne Hilfe*
by and large — *im großen und ganzen*
by and by — *nach und nach; mit der Zeit*
by imitating — *indem er imitierte*
What's the time by your watch? — *Wie spät haben Sie es?*

C

cabinet ['kæbinit] — Kabinett
café ['kæfei] — Café
1 **cake** [keik] — Kuchen
calculate ['kælkjuleit] — ausrechnen, berechnen; rechnen
2 **calf,** *pl* **calves** [kɑ:f, kɑ:vz] — Kalb; Wade
1 **call** [kɔ:l] — 1. *s* Ruf; Anruf; 2. *v* rufen; nennen; heißen
call for — *rufen um, verlangen; jdn abholen*
to be called for — *postlagernd*
call on s.o. — *jdn besuchen; bei jdm vorsprechen*
call off — (e-e Veranstaltung) *absagen*
local/trunk call — *Orts-/Fern-gespräch*
give s.o. a call — *jdn anrufen*
call-box — *Telefonzelle*
2 **calm** [kɑ:m] — ruhig, still
keep calm — *die Ruhe bewahren*
2 **camera** ['kæmərə] — Kamera
2 **camp** [kæmp] — 1. *s* Lager; 2. *v* lagern, zelten
1 **can** [kæn] **(could)** — kann
I cannot, I can't — *ich kann nicht*
That can't be true! — *Das kann (doch) nicht wahr sein!*
He could have written. — *Er hätte schreiben können.*

cancel ['kænsəl]	streichen; rückgängig machen, widerrufen; aufheben
candidate ['kændidit]	Kandidat
[2] **candle** ['kændl]	Kerze
[1] **cap** [kæp]	Mütze; Kappe; Deckel
capable (of) ['keipəbl]	fähig (zu)
capital ['kæpitl]	Hauptstadt; Kapital
[2] **captain** ['kæptin]	Kapitän; Hauptmann
[1] **car** [kɑ:]	Auto, Wagen; *Am* Eisenbahnwagen
car-park ['kɑ:-pɑ:k]	Parkplatz
[1] **card** [kɑ:d]	Karte
cardboard ['kɑ:dbɔ:d]	Pappe
[1] **care** [kɛə]	1. *s* Sorgfalt, Sorge; Behandlung; Pflege; 2. *v* sich Sorgen/Gedanken machen
take care of	*achtgeben auf; sorgen für; sich kümmern um*
With care!	*Vorsicht!* (Glas usw)
Would you care for a cup of coffee?	*Möchten Sie (gerne) eine Tasse Kaffee?*
No, thanks, I don't care for coffee.	*Danke, ich mag Kaffee nicht.*
I don't care.	*Meinetwegen. Mir ist's egal.*
[2] **careful** ['kɛəful]	sorgfältig, vorsichtig
[2] **careless** ['kɛəlis]	achtlos, nachlässig
[2] **carpet** ['kɑ:pit]	Teppich
[1] **carriage** ['kæridʒ]	Wagen; Transport, Beförderung
[1] **carry** ['kæri]	tragen; bringen, befördern
carry on	*weiterführen, fortsetzen*
carry out	*aus-, durchführen*
[1] **case** [keis]	Kiste; Kasten; Etui; Fall; Sache, Angelegenheit
in case it should rain	*falls es regnen sollte*
in any/no case	*auf jeden/keinen Fall*
cash [kæʃ]	1. *s* Bargeld; 2. *v (Geld)* einwechseln
buy for cash	*(gegen) bar kaufen*
cast [kɑ:st] (cast, cast)	werfen; *(in der Metallurgie)* gießen
[2] **castle** ['kɑ:sl]	Burg, Schloß
[1] **cat** [kæt]	Katze
[1] **catch** [kætʃ] (caught, caught)	fangen, ergreifen; erreichen
catch (a) cold	*sich erkälten*
catch fire	*Feuer fangen, in Brand geraten*
catch the bus/train/plane	*den Bus/den Zug/das Flugzeug erwischen*

I didn't catch the last words.	*Die letzten Worte habe ich nicht verstanden.*
1 **cattle** ['kætl]	(Rind-) Vieh
1 **cause** [kɔ:z]	1. *s* Ursache, Grund; 2. *v* verursachen, hervorrufen
The event caused surprise.	*Der Vorfall erregte Erstaunen.*
caviare ['kæviɑ:]	Kaviar
2 **cellar** ['selə]	Keller
2 **cent** [sent]	Cent *(100. Teil e-s Dollars)*
per cent	*Prozent*
2 **central** ['sentrəl]	zentral
2 **centre** ['sentə]	Mittelpunkt, Mitte
2 **century** ['sentʃəri]	Jahrhundert
1 **certain** ['sə:tn]	gewiß, sicher; bestimmt
to a certain extent	*bis zu einem gewissen Grade*
He's certain to come.	*Er kommt sicherlich.*
Why, certainly!	*Aber selbstverständlich!*
2 **chain** [tʃein]	Kette
1 **chair** [tʃɛə]	Stuhl
chairman ['tʃɛəmən]	Vorsitzender
2 **chalk** [tʃɔ:k]	Kreide
champagne [ʃæm'pein]	Champagner
2 **chance** [tʃɑ:ns]	Gelegenheit; Möglichkeit; Zufall
take a/the chance	*es darauf ankommen lassen, riskieren*
by chance	*zufällig*
1 **change** ['tʃeindʒ]	1. *s* Wechsel; (Ver-) Änderung; 2. *v* wechseln; (sich) ändern; umsteigen
Have you got any change?	*Haben Sie Kleingeld?*
for a change	*zur Abwechslung*
She changed clothes.	*Sie zog sich um.*
I've changed my mind.	*Ich hab's mir anders überlegt.*
chapter ['tʃæptə]	Kapitel
2 **character** ['kæriktə]	Charakter; Beschaffenheit, Art
2 **charge** [tʃɑ:dʒ]	1. *s* Anklage; Angriff; Taxe, Gebühr; 2. *v* anklagen; angreifen; berechnen
free of/without charge	*kostenlos*
be in charge of s.th.	*die Aufsicht über/Verantwortung für etw haben*
I was charged a fee.	*Man verlangte eine Gebühr von mir.*
2 **charm** [tʃɑ:m]	1. *s* Zauber; Reiz; 2. *v* bezaubern
2 **charming** ['tʃɑ:miŋ]	reizend, entzückend

chauffeur ['ʃəufə]	Chauffeur
[2] **cheap** [tʃi:p]	billig
cheat [tʃi:t]	1. *s* Betrüger; 2. *v* betrügen
check [tʃek]	(über)prüfen, kontrollieren
[2] **cheek** [tʃi:k]	Wange, Backe
[2] **cheer** [tʃiə]	aufheitern, aufmuntern; (zu)jubeln, jauchzen
Cheer up!	*Kopf hoch!*
[2] **cheerful** ['tʃiəful]	heiter, fröhlich
cheerless ['tʃiəlis]	freudlos; ungemütlich
[2] **cheese** [tʃi:z]	Käse
[2] **cherry** ['tʃeri]	Kirsche
[2] **chest** [tʃest]	Brust(korb)
chew [tʃu:]	kauen
[2] **chicken** ['tʃikin]	Hühnchen; Huhn
[1] **chief** [tʃi:f]	Chef; Oberhaupt; Häuptling; Haupt-
[1] **chiefly** ['tʃi:fli]	hauptsächlich
[1] **child**, *pl* **children** [tʃaild, 'tʃildrən]	Kind
[2] **childhood** ['tʃaildhud]	Kindheit
[2] **chimney** ['tʃimni]	Kamin, Schornstein
[2] **chin** [tʃin]	Kinn
[2] **chocolate** ['tʃɔkəlit]	Schokolade
[2] **choice** [tʃɔis]	Wahl, Auswahl
take one's choice	*seine Wahl treffen*
[1] **choose** [tʃu:z] (chose, chosen)	(aus)wählen; vorziehen
[2] **Christian** ['kristjən]	1. *s* Christ(in); 2. *adj* christlich
Christian name	*Vorname*
[1] **Christmas, Xmas** ['krisməs]	Weihnachten
Christmas Eve	*der Heilige Abend*
[1] **church** [tʃə:tʃ]	Kirche
go to church	*in die Kirche gehen*
in/at church	*in der Kirche, beim Gottesdienst*
[2] **cigar** [si'gɑ:]	Zigarre
[2] **cigarette** [ˌsigə'ret]	Zigarette
[2] **cinema** ['sinəmə]	Kino, Lichtspielhaus
[1] **circle** ['sə:kl]	Kreis
circular ['sə:kjulə]	kreisförmig, rund; Kreis-
circulation [ˌsə:kju'leiʃən]	Kreislauf; Umlauf; *(einer Zeitung usw)* Auflage
[2] **circumstance** ['sə:kəmstəns]	Umstand
in good/bad circumstances	*in guten/schlechten Verhältnissen*
in/under no circumstances	*unter keinen Umständen*

² **citizen** ['sitizn]	Bürger
¹ **city** ['siti]	(große) Stadt; Stadtzentrum
civil ['sivil]	zivil; bürgerlich
civilization [ˌsivilai'zeiʃən]	Kultur, Zivilisation
² **claim** [kleim]	1. *s* Anspruch; 2. *v* beanspruchen; verlangen, fordern; behaupten
make a claim to	*Anspruch erheben auf*
He claimed to be a detective.	*Er gab sich als Detektiv aus.*
¹ **class** [klɑ:s]	Klasse; Stand
working class	*Arbeiterklasse*
middle class	*Mittelstand*
upper class	*Oberschicht*
first-class	*erstklassig*
classroom ['klɑ:srum]	Klassenzimmer
¹ **clean** [kli:n]	1. *v* säubern, putzen; 2. *adj* sauber, rein; völlig
I've had my suit cleaned.	*Ich habe meinen Anzug reinigen lassen.*
clean up	*aufräumen, reinemachen*
¹ **clear** [kliə]	klar, hell; frei
clear up	*klären, frei machen, aufräumen*
The line is not clear.	*Ich verstehe Sie nur schlecht.*
² **clerk** [klɑ:k]	(Büro-)Angestellte(r)
² **clever** ['klevə]	klug; geschickt
cliff [klif]	Klippe; Felshang
climate ['klaimit]	Klima
¹ **climb** [klaim]	klettern; (be)steigen
He climbed (up) a tree.	*Er kletterte auf einen Baum.*
¹ **clock** [klɔk]	Uhr
at 5 o'clock	*um fünf Uhr*
¹ **close** [kləuz]	schließen, zumachen
Road closed!	*Straße gesperrt!*
² **close** [kləus]	nahe, dicht
a close friend	*ein sehr guter Freund*
The weather is very close.	*Das Wetter ist sehr drückend.*
Pay close attention!	*Passen Sie gut auf!*
¹ **cloth** [klɔθ]	Tuch; Stoff; Tischtuch
¹ **clothes** [kləuðz]	Kleider; Kleidung
¹ **cloud** [klaud]	Wolke
² **club** [klʌb]	Klub; Verein
coach [kəutʃ]	Reisebus; Trainer
¹ **coal** [kəul]	(Stein-) Kohle
coarse [kɔ:s]	grob, rauh; ungebildet
² **coast** [kəust]	Küste

1 **coat** [kəut]	Mantel; Jacke
cockpit ['kɔkpit]	Cockpit, Pilotenkanzel
cocktail ['kɔkteil]	Cocktail
1 **coffee** ['kɔfi]	Kaffee
2 **coin** [kɔin]	Münze
1 **cold** [kəuld]	1. *s* Kälte; Erkältung, Schnupfen; 2. *adj* kalt
have a cold	*erkältet sein*
I'm cold.	*Mir ist kalt.*
1 **collar** ['kɔlə]	Kragen; Halsband
2 **collect** [kə'lekt]	sammeln
2 **collection** [kə'lekʃən]	Sammlung
2 **college** ['kɔlidʒ]	College, höhere Lehranstalt
2 **colony** ['kɔləni]	Kolonie
1 **colour** ['kʌlə]	Farbe
What colour is it?	*Was für eine Farbe hat es?*
2 **comb** [kəum]	1. *s* Kamm; 2. *v* kämmen
2 **combine** [kəm'bain]	verbinden; vereinen
1 **come** [kʌm] **(came, come)**	kommen
come along	*mitkommen*
come off	(Knopf) *abgehen;* (Farbe usw) *abblättern, ablösen*
come to an end	*zum Schluß kommen*
Come and see me tomorrow!	*Kommen Sie morgen vorbei!*
Come along/on!	*Los, beeil dich! Mach schnell!*
Come in!	*Herein!*
Where do you come from?	*Wo kommst du/kommen Sie her?*
comedy ['kɔmidi]	Komödie
2 **comfort** ['kʌmfət]	1. *s* Bequemlichkeit; Trost; 2. *v* trösten
That's no comfort for me.	*Das ist kein Trost für mich.*
2 **comfortable** ['kʌmfətəbl]	bequem
Please make yourself comfortable.	*Bitte, machen Sie es sich bequem.*
comma ['kɔmə]	Komma
2 **command** [kə'mɑ:nd]	1. *s* Befehl, Kommando; 2. *v* befehl(ig)en, kommandieren
be in command of	*befehligen*
at his command	*zu seiner Verfügung*
2 **commerce** ['kɔmə(:)s]	Handel
2 **commercial** [kə'mə:ʃəl]	Handels-; kaufmännisch
commission [kə'miʃən]	1. *s* Auftrag; Ausschuß; Kommissions(gebühr), Provision; 2. *v* beauftragen

commit [kə'mit]	begehen, verüben
committee [kə'miti]	Ausschuß
[2] **common** ['kɔmən]	gemein(sam); allgemein; gewöhnlich
have s.th. in common (with s.o.)	*etw gemein(sam) haben (mit jdm)*
[2] **companion** [kəm'pænjən]	Begleiter(in), Gefährte (-in), Genosse(-in)
[1] **company** ['kʌmpəni]	Gesellschaft; Kompanie
keep s.o. company	*jdm Gesellschaft leisten*
[1] **compare** (with, to) [kəm'pɛə]	vergleichen (mit)
He can't compare with you.	*Er kann sich mit dir nicht vergleichen.*
[1] **comparison** [kəm'pærisn]	Vergleich
in comparison with	*im Vergleich zu*
[2] **complain** (of, about) [kəm'plein]	klagen; sich beklagen/beschweren (über)
complaint [kəm'pleint]	Beschwerde; Klage; Beanstandung, Reklamation
make a complaint against s.o.	*sich über jdn beschweren*
[1] **complete** [kəm'pli:t]	1. *v* vollenden; vervollständigen, ergänzen; 2. *adj* vollständig
[1] **completely** [kəm'pli:tli]	völlig, vollkommen
[2] **compose** [kəm'pəuz]	zusammensetzen; verfassen; komponieren
composer [kəm'pəuzə]	Komponist
[2] **composition** [ˌkɔmpə'ziʃən]	Komposition; Zusammensetzung; (Schul-)Aufsatz
computer [kəm'pju:tə]	Computer
conceal (from) [kən'si:l]	verbergen (vor)
[2] **concern** [kən'sə:n]	betreffen
as/so far as I am concerned	*was mich betrifft*
[2] **concerning** [kən'sə:niŋ]	betreffend; wegen; in bezug auf
[2] **concert** ['kɔnsət]	Konzert
[2] **condition** [kən'diʃən]	Bedingung; Zustand
on condition that	*unter der Bedingung, daß*
conductor [kən'dʌktə]	Dirigent; (Bus-)Schaffner
[2] **confess** [kən'fes]	bekennen; gestehen; beichten
[2] **confession** [kən'feʃən]	Bekenntnis; Geständnis; Beichte
[2] **confidence** ['kɔnfidəns]	Vertrauen
have confidence in s.o.	*Vertrauen zu jdm haben*
[2] **confuse** [kən'fju:z]	verwirren; verwechseln
[2] **confusion** [kən'fju:ʒən]	Verwirrung
congratulate (s. o. on s. th.) [kən'grætjuleit]	gratulieren (jdm zu etw)

congratulation *meist pl* [kənˌgrætju'leiʃən]	Glückwunsch, Gratulation
[2] **connect** [kə'nekt]	verbinden
[2] **connection** [kə'nekʃən]	Verbindung; Anschluß; Zusammenhang
[2] **conscience** ['kɔnʃəns]	Gewissen
[2] **conscious** ['kɔnʃəs]	bewußt, bei Bewußtsein
be conscious of s.th.	*sich e-r Sache bewußt sein; sich über etw im klaren sein*
conservative [kən'sə:vətiv]	konservativ; altmodisch
[2] **consider** [kən'sidə]	erwägen; berücksichtigen; betrachten als, halten für
[2] **considerable** [kən'sidərəbl]	beträchtlich; erheblich
[2] **consideration** [kənˌsidə'reiʃən]	Überlegung; Rücksicht
in consideration of	*in Anbetracht ...*
take into consideration	*in Erwägung ziehen*
[2] **consist (of)** [kən'sist]	bestehen (aus)
contact ['kɔntækt]	Berührung; Kontakt
[2] **contain** [kən'tein]	enthalten; umfassen
container [kən'teinə]	Behälter
[2] **content** [kən'tent]	zufrieden
[2] **contents** *pl* ['kɔntents]	Inhalt
[2] **continent** ['kɔntinənt]	Kontinent, Erdteil
the Continent	*Europa*
[2] **continue** [kən'tinju:]	fortfahren; fortsetzen; fortdauern
[2] **continuous** [kən'tinjuəs]	zusammenhängend; stetig, fortlaufend
contrary ['kɔntrəri]	entgegengesetzt; widrig
on the contrary	*im Gegenteil*
[2] **control** [kən'trəul]	1. *s* Beherrschung; 2. *v* beherrschen
lose control of/over s.th.	*die Herrschaft über etw verlieren*
convenient [kən'vi:njənt]	passend, bequem; gelegen
[2] **conversation** [ˌkɔnvə'seiʃən]	Unterhaltung, Gespräch
convince (of) [kən'vins]	überzeugen (von)
[1] **cook** [kuk]	1. *s* Koch, Köchin; 2. *v* kochen
[1] **cool** [ku:l]	kühl; frisch
keep cool	Ruhe bewahren
[1] **copy** ['kɔpi]	1. *s* Abschrift, Kopie; Durchschlag; Exemplar; 2. *v* abschreiben, kopieren; nachahmen
[1] **corn** [kɔ:n]	Korn; Getreide
[1] **corner** ['kɔ:nə]	Ecke, Winkel
round the corner	*um die Ecke*

[2] **correct** [kə'rekt]	1. *v* berichtigen, verbessern; 2. *adj* richtig
[1] **cost** [kɔst] (cost, cost)	kosten; *(Zeit, Mühe)* erfordern
That may cost you your life.	*Das kann dich dein Leben kosten.*
costs [kɔsts]	Kosten
at all costs	*um jeden Preis*
[2] **cottage** ['kɔtidʒ]	kleines Haus *(meistens auf dem Lande)*
[2] **cotton** ['kɔtn]	Baumwolle
[2] **cough** [kɔf]	1. *s* Husten; 2. *v* husten
[1] **count** [kaunt]	zählen
count down	*in umgekehrter Reihenfolge zählen* (z. B. bei Raketenstart)
count on/upon	*rechnen mit, zählen auf*
counter ['kauntə]	Schalter
countless ['kauntlis]	zahllos
[1] **country** ['kʌntri]	Land; Staat; Gegend
in the country	*auf dem Lande*
couple ['kʌpl]	Paar
married couple	*Ehepaar*
[2] **courage** ['kʌridʒ]	Mut
[1] **course** [kɔ:s]	Lauf; Verlauf; Kurs; *(einer Mahlzeit)* Gang
of course	*natürlich, gewiß*
[1] **court** [kɔ:t]	Hof; Gericht(shof); (Tennis-)Platz
[2] **cousin** ['kʌzn]	Vetter; Kusine
[1] **cover** ['kʌvə]	1. *s* Decke(l); Überzug; 2. *v* (be-, zu-)decken
cover a distance	*eine Entfernung zurücklegen*
[1] **cow** [kau]	Kuh
[2] **crack** [kræk]	1. *s* Riß; Sprung; Knall; 2. *v* platzen; *(von Glas)* springen; knacken; knallen
crash [kræʃ]	1. *s* Krach; Absturz; Zusammenstoß; 2. *v* zusammenbrechen; krachen; zerschmettern; aufprallen
[2] **cream** [kri:m]	Sahne, Rahm; Creme
[2] **creature** ['kri:tʃə]	Geschöpf, Kreatur
[2] **creep** [kri:p] (crept, crept)	kriechen; schleichen
[2] **crime** [kraim]	Verbrechen
[2] **criminal** ['kriminəl]	1. *s* Verbrecher; 2. *adj* verbrecherisch
[2] **crop** [krɔp]	Ernte; Getreide

[1] **cross** [krɔs]	1. *s* Kreuz; 2. *v* kreuzen; durchqueren; 3. *adj* quer, schief; ärgerlich
cross the road	*die Straße überqueren*
[1] **crowd** [kraud]	1. *s* (Menschen-)Menge; Gedränge; 2. *v* sich drängen
crowded (with)	*überfüllt (von)*
[2] **crown** [kraun]	1. *s* Krone; 2. *v* krönen
[2] **cruel** (to) ['kru(:)əl]	grausam (gegen)
[2] **cruelty** ['kru(:)əlti]	Grausamkeit
[2] **crush** [krʌʃ]	zerquetschen; zerdrücken; vernichten
[1] **cry** [krai]	1. *s* Ruf; Schrei; 2. *v* rufen; schreien; weinen
culture ['kʌltʃə]	Kultur; Pflege
[1] **cup** [kʌp]	Tasse; Becher; Pokal
[2] **cupboard** ['kʌbəd]	Schrank *(für Geschirr, Speise, Wäsche)*
[2] **cure** [kjuə]	heilen
[2] **curiosity** [ˌkjuəri'ɔsiti]	Neugier(de); Merkwürdigkeit
[2] **curious** ['kjuəriəs]	neugierig; sonderbar, merkwürdig
be curious to know s.th.	*etw gerne wissen wollen*
[2] **current** ['kʌrənt]	1. *s* Lauf; Strömung; Strom; 2. *adj.* laufend; geläufig
[2] **curtain** ['kə:tn]	Vorhang; Gardine
[2] **curve** [kə:v]	Kurve
[2] **cushion** ['kuʃən]	Kissen, Polster
[2] **custom** ['kʌstəm]	Sitte; Brauch
customer ['kʌstəmə]	Kunde (-in)
customs ['kʌstəmz]	Zoll; Zollbehörde
pay customs	*Zoll bezahlen*
customs inspection	*Zollkontrolle*
[1] **cut** [kʌt] (cut, cut)	1. *v* schneiden; 2. *s* Schnitt
I cut my finger.	*Ich habe mich in den Finger geschnitten.*
He had his hair cut.	*Er ließ sich die Haare schneiden.*
His salary was cut.	*Sein Gehalt wurde gekürzt.*

D

[1] **daily** ['deili]	täglich
[2] **damage** ['dæmidʒ]	1. *s* Schaden; 2. *v* beschädigen
pay damages	*Schadenersatz zahlen*
damp [dæmp]	feucht; dunstig
[1] **dance** [dɑ:ns]	1. *s* Tanz; 2. *v* tanzen
[2] **danger** ['deindʒə]	Gefahr
[2] **dangerous** ['deindʒrəs]	gefährlich
[2] **dare** [dɛə]	wagen
I dare say	*ich darf wohl sagen*
[1] **dark** [dɑ:k]	1. *adj* dunkel; finster 2. *s* Dunkel(heit)
He's in the dark.	*Er tappt im Dunkeln.*
[2] **darkness** ['dɑ:knis]	Dunkelheit
[2] **date** [deit]	1. *s* Datum; 2. *v* datieren; sich verabreden
fix/set a date	*e-n Termin/Zeitpunkt festlegen*
have a date with s.o.	*verabredet sein/ein Stelldichein haben mit jdm*
out of date	*veraltet*
up to date	*modern*
be up to date	*auf dem laufenden sein*
bring s.th. up to date	*etw auf den neuesten Stand bringen*
[1] **daughter** ['dɔ:tə]	Tochter
[1] **day** [dei]	Tag
the day before yesterday	*vorgestern*
the day after tomorrow	*übermorgen*
all (the) day	*den ganzen Tag*
one day	*eines Tages*
these days	*heute, heutzutage*
the other day	*neulich*
from day to day	*von Tag zu Tag*
[1] **dead** [ded]	tot; völlig, vollkommen
I'm dead tired.	*Ich bin todmüde.*
[2] **deal** [di:l] **(dealt, dealt) (with)**	1. *v* umgehen/sich befassen/fertigwerden (mit); 2. *s* Menge, Betrag; Handel, Geschäft
deal in	*handeln mit*
a good/great deal (of)	*ziemlich/sehr viel*
dealer ['di:lə]	Händler
[1] **dear** [diə]	teuer; lieb
oh dear! dear me!	*ach herrje! du meine Güte!*

[1] **death** [deθ]	Tod
[2] **debt** [det]	Schuld
run into debt	*in Schulden geraten, Schulden machen*
be in s.o.'s debt	*jds Schuldner/jdm verpflichtet sein*
[2] **deceive** [di'si:v]	täuschen, betrügen
Don't deceive yourself!	*Mach dir/machen Sie sich nichts vor!*
[1] **December** [di'sembə]	Dezember
[2] **decide (on)** [di'said]	(sich) entscheiden (über, für); beschließen; sich entschließen
[2] **decision** [di'siʒən]	Entscheidung; Beschluß; Entschluß
come to a decision	*eine Entscheidung treffen*
[2] **declaration** [deklə'reiʃən]	Erklärung; Deklaration
[2] **declare** [di'klεə]	erklären; deklarieren; verkünden
[1] **deed** [di:d]	Tat; Dokument
[1] **deep** [di:p]	tief
[2] **defeat** [di'fi:t]	1. *s* Niederlage; 2. *v* besiegen; zunichte machen
[2] **defence** [di'fens]	Verteidigung
[2] **defend** [di'fend]	verteidigen; schützen
[2] **degree** [di'gri:]	Grad; Stufe; Rang
to a certain degree	*bis zu einem gewissen Grad*
in some degree	*in gewissem Maß, einigermaßen*
to some degree	*gewissermaßen*
by degrees	*allmählich*
[2] **delay** [di'lei]	1. *s* Verzögerung; Aufschub; 2. *v* verzögern, aufschieben
I was delayed by ...	*Ich wurde aufgehalten von ...*
without delay	*unverzüglich*
delicate ['delikit]	zart; feinfühlig; *(Frage)* heikel
[2] **delight** [di'lait]	1. *s* Vergnügen; Entzücken; 2. *v* erfreuen, entzücken; sich erfreuen, seinen Spaß haben
be delighted at/with	*entzückt sein von/über*
[2] **delightful** [di'laitful]	entzückend; herrlich
[2] **deliver** [di'livə]	(ab)liefern; übergeben; ausrichten; *(Brief usw)* zustellen
delivery [di'livəri]	(Ab-)Lieferung; Übergabe; *(von Briefen usw)* Zustellung
[2] **demand** [di'mɑ:nd]	1. *s* Nachfrage; Bedarf; Verlangen; Anspruch; 2. *v* verlangen, fordern
be in great demand	*sehr gefragt/gesucht sein*
on demand	*auf Verlangen*

demonstration [ˌdeməns'treiʃən]	Demonstration
dentist ['dentist]	Dentist, Zahnarzt
2 **deny** [di'nai]	leugnen; verleugnen; verweigern
department [di'pɑ:tmənt]	Abteilung
departure [di'pɑ:tʃə]	Abfahrt
2 **depend (on/upon)** [di'pend]	abhängen (von); sich verlassen (auf)
That depends!	*Das kommt darauf an!*
depth [depθ]	Tiefe
2 **describe** [dis'kraib]	beschreiben
2 **description** [dis'kripʃən]	Beschreibung
2 **desert** ['desət]	1. *s* Wüste; 2. *adj* öde, wüst
2 **desert** [di'zə:t]	verlassen; im Stich lassen; desertieren
The streets were deserted.	*Die Straßen waren leer.*
2 **deserve** [di'zə:v]	*(Gutes/Übles)* verdienen
2 **desire** [di'zaiə]	1. *s* Wunsch; Verlangen; 2. *v* (sich) wünschen, begehren
2 **desk** [desk]	Schreibtisch; Pult
2 **despair (of)** [dis'pεə]	1. *s* Verzweiflung; 2. *v* verzweifeln (an, über)
2 **destroy** [dis'trɔi]	zerstören, vernichten
2 **destruction** [dis'trʌkʃən]	Zerstörung, Vernichtung; Verwüstung
2 **detail** ['di:teil]	Einzelheit; Detail
detailed/in detail	*ausführlich*
detective [di'tektiv]	Detektiv
determination [diˌtə:mi'neiʃən]	Entschluß, Beschluß; Entschlossenheit
2 **determine** [di'tə:min]	bestimmen; beschließen
be determined to	*(fest) entschlossen sein zu*
2 **develop** [di'veləp]	(sich) entwickeln; (sich) entfalten
2 **development** [di'veləpmənt]	Entwicklung; Entfaltung
2 **devil** ['devl]	Teufel
dial ['daiəl]	*(am Telefon)* wählen
dictate [dik'teit]	diktieren
dictation [dik'teiʃən]	Diktat
dictionary ['dikʃənri]	Wörterbuch
1 **die** [dai] **(died, died) (of/from)**	sterben (an)
diet ['daiət]	Diät
2 **differ** ['difə]	sich unterscheiden; nicht übereinstimmen, streiten
2 **difference** ['difrəns]	Unterschied; Verschiedenheit
What's the difference!	*Was macht das schon aus!*

2 **different** (from) ['difrənt]	anders (als); verschieden (von)
2 **difficult** ['difikəlt]	schwer, schwierig
It's difficult to say.	*Das ist schwer zu sagen.*
2 **difficulty** ['difikəlti]	Schwierigkeit
get into difficulties	*in Schwierigkeiten geraten*
2 **dig** [dig] (dug, dug)	graben
1 **dine** [dain]	zu Abend/zu Mittag essen
2 **dining-room** ['dainiŋrum]	Eß-, Speisezimmer
1 **dinner** ['dinə]	Abendessen; Mittagessen
Dinner is served!	*Bitte, zu Tisch! Es ist angerichtet!*
2 **direct** [di'rekt]	1. *v* richten; teilen; regeln; adressieren; 2. *adj* direkt, gerade
direct to/towards/at	*richten nach/auf*
I directed him to the station.	*Ich zeigte ihm den Weg zum Bahnhof.*
2 **direction** [di'rekʃən]	Richtung; Leitung; Anweisung
director [di'rektə]	Direktor
2 **dirt** [də:t]	Schmutz
2 **dirty** ['də:ti]	schmutzig
disadvantage [ˌdisəd'vɑ:ntidʒ]	Nachteil
disagree [ˌdisə'gri:]	nicht übereinstimmen; streiten
disagreement [ˌdisə'gri:mənt]	Meinungsverschiedenheit
2 **disappear** [ˌdisə'piə]	verschwinden
2 **disappoint** [ˌdisə'pɔint]	enttäuschen
be disappointed in s.o./with s.th.	*enttäuscht sein von jdm/über etw*
disappointment [ˌdisə'pɔintmənt]	Enttäuschung
discipline ['disiplin]	Disziplin
discourage [dis'kʌridʒ]	entmutigen
2 **discover** [dis'kʌvə]	entdecken
2 **discovery** [dis'kʌvəri]	Entdeckung
2 **discuss** [dis'kʌs]	erörtern, besprechen; diskutieren
2 **discussion** [dis'kʌʃən]	Erörterung, Besprechung; Diskussion
2 **disease** [di'zi:z]	Krankheit
1 **dish** [diʃ]	Schüssel; Gericht, Speise
dismiss [dis'mis]	entlassen
display [dis'plei]	1. *s* Entfaltung; Schau(stellung); (Schaufenster-)Auslage; Aufwand; 2. *v* auslegen, ausstellen; entfalten; zeigen
be on display	*ausgestellt sein*

displeasure [dis'pleʒə]	Mißvergnügen
² **distance** ['distəns]	Entfernung
at a distance of	*in einer Entfernung von*
from a distance	*von weitem*
in the distance	*in der Ferne*
² **distant** ['distənt]	fern; entfernt
² **distinct** [dis'tiŋkt]	deutlich, klar; verschieden
distinction [dis'tiŋkʃən]	Unterscheidung; Unterschied; Auszeichnung
² **distinguish** [dis'tiŋgwiʃ]	unterscheiden
distinguish oneself	*sich auszeichnen*
distinguished [dis'tiŋgwiʃt]	berühmt; hervorragend; vornehm
distribute (among) [dis'tribju(:)t]	austeilen, verteilen (unter)
² **district** ['distrikt]	Bezirk; Kreis; Gegend
² **disturb** [dis'tə:b]	stören
¹ **divide** [di'vaid]	(ein-; auf-)teilen; trennen; sich teilen; dividieren
division [di'viʒən]	(Ab-; Ein-; Ver-)Teilung; Division; Trennung; Spaltung
¹ **do** [du:] **(did, done)**	tun
What can I do for you?	*Womit kann ich Ihnen dienen?*
I'm doing my best.	*Ich tue mein Bestes.*
He is doing well.	*Es geht ihm gut.*
This/that will (won't) do.	*Das genügt (nicht). Das geht (nicht).*
I (you, he, etc) could do with …	*ich (du, er usw) könnte … gut gebrauchen*
I can't do without a holiday.	*Ohne Ferien kann ich nicht auskommen.*
Do you know him?	*Kennen Sie ihn?*
She doesn't like it.	*Sie hat es nicht gern.*
Do come!	*Kommen Sie doch!*
do the washing up	*(Geschirr) spülen, abwaschen*
do eighty-five	*mit 85 Meilen in der Stunde fahren*
¹ **doctor** ['dɔktə]	Arzt, Doktor
¹ **dog** [dɔg]	Hund
² **doll** [dɔl]	Puppe
¹ **door** [dɔ:]	Tür; Tor
next door	*nächste Tür; nächstes Haus, nebenan*
door-step	*Türschwelle*
¹ **double** ['dʌbl]	1. *v* verdoppeln; 2. *s* das Doppelte; 3. *adj* doppelt; Doppel-

[1] **doubt** [daut]	1. *s* Zweifel; 2. *v* zweifeln
no doubt	*ohne Zweifel*
doubt that/whether/if	*zweifeln, daß*
doubtful ['dautful]	zweifelhaft
doubtless ['dautlis]	zweifellos
[1] **down** [daun]	herunter; hinunter; herab; hinab; nieder, abwärts; unten
He's down with the flu.	*Er ist an Grippe erkrankt.*
let s.o. down	*jdn im Stich lassen*
downhill ['daun'hill]	bergab, abwärts
downstairs ['daun'stɛəz]	*(die Treppe)* hinunter; unten
[2] **dozen** ['dʌzn]	Dutzend
[1] **draw** [drɔ:] (drew, drawn)	1. *v* ziehen; anlocken; hervorrufen; zeichnen; 2. *s* Zug(Kraft); (*eines Fußballspiels usw.*) Unentschieden
draw up	(Plan) *entwerfen*
draw up your chair (to)	*rücken Sie mit Ihrem Stuhl näher (an)*
draw the attention to s.th.	*die Aufmerksamkeit auf etw lenken*
I must draw some money from the bank.	*Ich muß etwas Geld von der Bank abheben.*
The match ended in a draw.	*Der Kampf endete unentschieden.*
drawer [drɔ:]	Schublade
[1] **dream** [dri:m] (dreamt, dreamt)	1. *s* Traum; 2. *v* träumen
[1] **dress** [dres]	1. *s* Kleid; 2. *v* (sich) anziehen
He dressed the wound.	*Er verband die Wunde.*
dressing-room ['dresiŋrum]	Umkleideraum
drill [dril]	Übung
[1] **drink** [driŋk] (drank, drunk)	1. *v* trinken; 2. *s* Getränk; Trank
get drunk	*sich betrinken*
soft drink	*alkoholfreies Getränk*
Would you care for a drink?	*Hätten Sie Lust auf einen Drink?*
[1] **drive** [draiv] (drove, driven)	1. *s* Fahrt; 2. *v* treiben; lenken; fahren
drive off	*abfahren*
take driving lessons	*Fahrstunden nehmen*
driving-licence ['draiviŋ-'laisəns]	Führerschein
[1] **drop** [drɔp]	(herab)fallen; fallen lassen; tropfen
Drop me at the corner.	*Laß mich an der Ecke aussteigen.*
Let's drop the subject.	*Lassen wir das Thema fallen.*
Drop me a line.	*Schreib mir ein paar Zeilen.*
He dropped in.	*Er kam auf einen Sprung herein.*

[2] **drown** [draun]	ertrinken; ertränken
drug [drʌg]	Droge
drugstore ['drʌgstɔ:]	*Am* Apotheke; Drogerie und Schnellgaststätte
[1] **dry** [drai]	1. *adj* trocken; 2. *v* trocknen
[2] **duck** [dʌk]	Ente
[2] **due** [dju:]	fällig; schuldig, gebührend
due to	*infolge*
The train is due in 5 minutes.	*Der Zug soll in 5 Minuten hier sein.*
He's due to arrive at ten.	*Er soll um 10 Uhr ankommen.*
[2] **dull** [dʌl]	stumpf; dumpf; trübe; matt; langweilig; dumm
[1] **during** ['djuəriŋ]	während
[1] **dust** [dʌst]	1. *s* Staub; 2. *v* abstauben
dustbin ['dʌstbin]	Mülleimer, -kasten
dusty ['dʌsti]	staubig
[2] **duty** ['dju:ti] (to, towards)	Pflicht (gegenüber); Gebühr; Zoll
be on duty	*im Dienst sein*
be off duty	*dienstfrei haben*

E

[1] **each** [i:tʃ]	jede(r, s)
each other	*einander, sich*
[2] **eager** ['i:gə] (for)	begierig (auf, nach); eifrig
[1] **ear** [iə]	Ohr
I'm all ears.	*Ich bin ganz Ohr.*
[1] **early** ['ə:li] (earlier, earliest)	früh
early riser/bird	*Frühaufsteher*
as early as	*schon (in, zu)*
[2] **earn** [ə:n]	*(Geld)* verdienen
earn one's living	*seinen Lebensunterhalt verdienen*
[1] **earth** [ə:θ]	Erde; Welt
How on earth did he find you?	*Wie in aller Welt hat er Sie entdeckt?*
nothing on earth	*keine Macht der Welt*
[2] **ease** [i:z]	1. *s* Behaglichkeit; Ruhe; Leichtigkeit; 2. *v* erleichtern; lindern; vermindern
at ease	*ungezwungen; behaglich; bequem*
feel (ill) at ease	*sich (nicht) wohlfühlen*
[1] **east** [i:st]	1. *s* Osten; 2. *adj* Ost-; östlich
[2] **eastern** ['i:stən]	östlich

Easter ['i:stə]	Ostern
[1] **easy** ['i:zi] **(easier, easiest)**	leicht; bequem
on easy terms	*zu günstigen Bedingungen*
Take it easy!	*Immer mit der Ruhe!*
[1] **eat** [i:t] **(ate, eaten)**	essen; fressen
economic(**al**) [ˌi:kə'nɔmik(əl)]	wirtschaftlich; sparsam; Wirtschafts-
economy [i(:)'kɔnəmi]	Wirtschaft; Sparsamkeit
[1] **edge** [edʒ]	Schneide; Kante; Rand
[2] **educate** ['edju(:)keit]	erziehen; (aus)bilden
[2] **educated** ['edju(:)keitid]	gebildet
[2] **education** [ˌedju(:)'keiʃən]	Erziehung; (Vor-)Bildung
[2] **effect** [i'fekt]	1. *s* Wirkung; Eindruck; Ergebnis; 2. *v* bewirken; durch-, ausführen
come into effect	*in Kraft treten*
take effect	*wirken, wirksam werden*
effort ['efət]	Anstrengung, Mühe
make an effort	*sich anstrengen*
[1] **egg** [eg]	Ei
scrambled eggs	*Rührei(er)*
[1] **either** ['aiðə]	eine(r, s) (von beiden); beide(s)
You can take either road.	*Sie können beide Straßen nehmen.*
either ... or	*entweder ... oder*
not ... either	*auch nicht*
[2] **elbow** ['elbəu]	Ell(en)bogen; *(eines Rohrs usw.)* Knie, Winkel
[2] **elect** [i'lekt]	(er)wählen (zu)
[2] **election** [i'lekʃən]	Wahl
[2] **electric(al)** [i'lektrik(əl)]	elektrisch
[2] **electricity** [ilek'trisiti]	Elektrizität
[1] **else** [els]	sonst (noch); anders
Anything else?	*Sonst noch etwas?*
everything else	*alles andere*
or else	*andernfalls, sonst*
elsewhere ['els'wɛə]	anderswo
[2] **empire** ['empaiə]	(Welt)Reich
[2] **employ** [im'plɔi]	beschäftigen; verwenden
employer [im'plɔiə]	Arbeitgeber(in)
employment [im'plɔimənt]	Beschäftigung; (An-)Stellung
[1] **empty** ['empti]	1. *adj* leer; 2. *v* leeren
[2] **enclose** [in'kləuz]	*(e-m Brief)* beilegen
[2] **encourage** [in'kʌridʒ]	ermutigen; fördern
[1] **end** [end]	1. *s* Ende; Zweck, Ziel; 2. *v* beendigen, enden

at/in the end	*am Ende, schließlich*
to/for this end	*zu diesem Zweck*
on end	*aufrecht, aufgerichtet; hintereinander, ohne Unterbrechung*
put an end to/make an end of	*ein Ende machen*
end up with s.th.	*abschließen mit etw*
1 **enemy** ['enimi]	1. *s* Feind; 2. *adj* feindlich, Feind—
energy ['enədʒi]	Energie; Tatkraft
2 **engage** [in'geidʒ]	verpflichten; anstellen
be engaged	*beschäftigt sein; verlobt sein;* (Telefon usw) *besetzt sein*
engagement [in'geidʒmənt]	Verabredung; Verlobung; Verpflichtung
2 **engine** ['endʒin]	(Kraft-)Maschine; (Verbrennungs-) Motor; Lokomotive
engineer [ˌendʒi'niə]	Ingenieur
engineering [ˌendʒi'niəriŋ]	Ingenieurwesen, Technik; Maschinenbau
1 **English** ['iŋgliʃ]	englisch
the Englishman/English	*der/die Engländer*
He is English.	*Er ist Engländer.*
2 **enjoy** [in'dʒɔi]	genießen; Freude haben an, sich freuen
enjoy oneself	*sich gut unterhalten/amüsieren*
1 **enough** [i'nʌf]	genug
sure enough	*(ja) gewiß, freilich*
Would you be kind enough to come.	*Seien Sie so gut und kommen Sie.*
1 **enter** ['entə]	be-, eintreten; einschreiben, buchen
2 **entertain** [entə'tein]	unterhalten; bewirten
2 **entire** [in'taiə]	ganz, vollständig
2 **entirely** [in'taiəli]	gänzlich, völlig
2 **entrance** ['entrəns]	Eingang; Eintritt
entry ['entri]	Eintritt; Einfahrt
2 **envelope** ['enviləup]	(Brief-)Umschlag
1 **equal** ['i:kwəl]	1. *adj* gleich; 2. *v* gleichkommen
two times two equals four	*zwei mal zwei ist vier*
equality [i'kwɔliti]	Gleichheit
2 **error** ['erə]	Irrtum; Fehler
2 **escape** [is'keip]	1. *s* Flucht; 2. *v* entfliehen; entgehen
have a narrow escape	*mit knapper Not davonkommen*
2 **especially** [is'peʃəli]	besonders; namentlich
essay ['esei]	Aufsatz
essential [i'senʃəl]	wesentlich; notwendig

2 **establish** [is'tæbliʃ]	gründen; einrichten; festsetzen
estimate ['estimeit]	(ab)schätzen; veranschlagen
1 **even** ['i:vən]	eben, flach, glatt; gleichmäßig; sogar, selbst, auch
even now	*selbst jetzt*
even if/though	*selbst/auch wenn; wenn auch*
even so	*trotzdem*
not even	*(noch) nicht einmal*
1 **evening** ['i:vniŋ]	Abend
yesterday evening	*gestern abend*
2 **event** [i'vent]	Ereignis
in any event	*auf jeden Fall*
1 **ever** ['evə]	jemals, je
for ever	*für immer*
hardly ever	*fast nie*
ever since	*seit*
evergreen ['evəgri:n]	*(in der Musik)* Evergreen
1 **every** ['evri]	jede(r, s)
every day	*jeden Tag*
everyday	*alltäglich, Alltags-*
every time	*immer, jedesmal*
1 **everybody, everyone** ['evribɔdi, -wʌn]	jeder(mann)
1 **everything** ['evriθiŋ]	alles
1 **everywhere** ['evriwɛə]	überall(hin)
2 **evil** ['i:vl]	1. *adj* übel, böse, schlimm; 2. *s* Übel
2 **exact** [ig'zækt]	genau, pünktlich
Exactly!	*Ganz recht!*
2 **examine** [ig'zæmin]	prüfen; untersuchen
2 **examination** [igˌzæmi'neiʃən]	Prüfung; Untersuchung
an oral/written exam(ination)	*e-e mündliche/schriftliche Prüfung*
pass an exam(ination)	*e-e Prüfung bestehen*
1 **example** [ig'zɑ:mpl]	Beispiel
for example	*zum Beispiel*
set an example	*ein Beispiel geben*
2 **excellent** ['eksələnt]	ausgezeichnet, vorzüglich
1 **except for** [ik'sept]	außer, ausgenommen; abgesehen von
present company excepted	*Anwesende ausgenommen*
1 **exception** [ik'sepʃən]	Ausnahme
2 **exchange (for)** [iks'tʃeindʒ]	1. *v* (aus-, ein-, um)tauschen (gegen); 2. *s* (Aus-, Um-)Tausch; (Geld-)Wechsel; Börse
in exchange	*dafür, als Ersatz*

in exchange for	*im Tausch gegen, für*
rate of exchange	*Wechselkurs*
excite [ik'sait]	erregen, aufregen; anregen; hervorrufen
excited	*erregt; gespannt, voller Spannung*
Don't get excited!	*Reg dich nicht auf!*
exciting [ik'saitiŋ]	spannend
excitement [ik'saitmənt]	Erregung; Aufregung; Spannung
excuse [iks'kju:s]	Entschuldigung
excuse [iks'kju:z]	entschuldigen;
Excuse me for being late.	*Entschuldigen Sie, daß ich zu spät komme.*
Excuse my interrupting you.	*Entschuldigen Sie, wenn ich unterbreche.*
Excuse me, sir/madam, could you tell me …	*Entschuldigung, könnten Sie mir sagen …*
1 **exercise** ['eksəsaiz]	1. *s* Übung; (körperliche) Bewegung; (Schul-)Aufgabe; 2. *v* (aus)üben
exercise-book ['eksəsaiz-'buk]	Schulheft; Schreibheft
2 **exist** [ig'zist]	dasein; bestehen; leben; vorhanden sein
2 **existence** [ig'zistəns]	Dasein; Bestehen; Leben; Vorhandensein
2 **expect** [iks'pekt]	erwarten
expectation [ˌekspek'teiʃən]	Erwartung
beyond all expectation	*über alle Erwartung*
contrary to expectation(s)	*wider Erwarten*
2 **expense(s)** [iks'pens(iz)]	Ausgabe; Kosten; Unkosten
at the expense of	*auf Kosten von*
We had a good laugh at his expense.	*Wir haben uns auf seine Kosten sehr amüsiert.*
at great expense	*mit großen Kosten*
travelling expenses	*Reisekosten*
expensive [iks'pensiv]	teuer, kostspielig
2 **experience** [iks'piəriəns]	Erfahrung; Erlebnis
experienced [iks'piəriənst]	erfahren
experiment [iks'perimənt]	Versuch, Experiment
expert ['ekspə:t]	Fachmann; Sachverständige(r)
expire [iks'paiə]	ungültig werden
2 **explain** [iks'plein]	erklären, erläutern
explanation [ˌeksplə'neiʃən]	Erklärung
explode [iks'pləud]	explodieren

explosion [iks'pləuʒən]	Explosion
2 **explore** [iks'plɔ:]	erforschen; untersuchen
export [eks'pɔ:t]	exportieren
export ['ekspɔ:t]	Export
exporter [eks'pɔ:tə]	Exporteur
2 **express** [iks'pres]	1. *v* ausdrücken, äußern; 2. *adj* ausdrücklich; klar; Eil-, Expreß-
2 **expression** [iks'preʃən]	Ausdruck; Redensart
2 **extend** [iks'tend]	ausdehnen, erweitern, verlängern; (aus)strecken; sich erstrecken
extension [iks'tenʃən]	Ausdehnung, Erweiterung, Verlängerung; *(Telefon)* (Haus-) Apparat
2 **extent** [iks'tent]	Ausmaß, Ausdehnung, Größe, Umfang
to a certain extent	*bis zu einem gewissen Grade*
to some extent	*in gewissem Maße, einigermaßen*
2 **extra** ['ekstrə]	besonders; Sonder-, Neben-, Extra-
extraordinary [iks'trɔ:dnri]	außergewöhnlich
2 **extreme** [iks'tri:m]	äußerst, höchst
1 **eye** [ai]	Auge; (Nadel-)Öhr
keep an eye on s.o.	*auf jdn aufpassen*
I couldn't believe my eyes.	*Ich traute meinen Augen nicht.*

F

1 **face** [feis]	1. *s* Gesicht; 2. *v* ansehen; ins Auge sehen; nach ... liegen
face to face	*von Angesicht zu Angesicht*
in (the) face of	*angesichts*
My window faces the street.	*Mein Fenster geht auf die Straße hinaus.*
Let's face the facts!	*Sehen wir den Tatsachen ins Auge!*
2 **fact** [fækt]	Tatsache
in fact, as a matter of fact	*in der Tat, tatsächlich*
2 **factory** ['fæktəri]	Fabrik
2 **fail** [feil]	fehlschlagen, mißlingen; versagen
he failed (in) the examination	*er ist bei der Prüfung durchgefallen*
he failed to turn up	*er erschien nicht*
without fail	*ganz bestimmt, unbedingt*
failure ['feiljə]	Fehlschlag(en), Mißerfolg, Versagen; Versager

[2] **faint** [feint]	1. *adj* schwach; 2. *v* ohnmächtig werden
I haven't the faintest idea.	*Ich habe nicht die leiseste/geringste Ahnung.*
[1] **fair** [fɛə]	angemessen, anständig; klar, hell; blond; fair, gerecht
fair play	*ehrliches Spiel*
that's only fair	*das ist nur recht und billig*
fairly ['fɛəli]	ziemlich
[2] **faith (in)** [feiθ]	Glaube (an); Vertrauen (auf, zu)
[2] **faithful** ['feiθful]	treu
Yours faithfully	*hochachtungsvoll*
[1] **fall** [fɔ:l] **(fell, fallen)**	1. *s* Fall, Sturz; *Am* Herbst; 2. *v* fallen; stürzen
fall asleep	*einschlafen*
fall in love	*sich verlieben*
[2] **false** [fɔ:ls]	falsch, unrichtig; lügnerisch, unaufrichtig
[2] **fame** [feim]	Ruhm
[1] **family** ['fæmili]	Familie
[2] **familiar** [fə'miljə]	wohlbekannt; vertraut
be familiar with s.th.	*sich in etw (gut) auskennen*
be on familiar/good terms with s.o.	*mit jdm gut bekannt sein/auf gutem Fuße stehen*
[2] **famous (for)** ['feiməs]	berühmt (wegen)
[2] **fancy** ['fænsi]	1. *s* Phantasie; Laune; 2. *v* sich vorstellen, sich einbilden; meinen; gern haben; 3. *adj* bunt; extravagant; fein; Phantasie-;
(Just) fancy that!	*Stellen Sie sich nur vor!*
[1] **far** [fɑ:] **(farther, farthest/ further, furthest)**	weit, fern
far away	*weit weg*
far too much	*viel zuviel*
as far as	*bis (zu); sofern*
as far as I know	*soviel ich weiß*
by far	*bei weitem*
so far	*bis jetzt*
[2] **fare** [fɛə]	Fahrgeld
[1] **farm** [fɑ:m]	Bauernhof
farmer ['fɑ:mə]	Landwirt; Bauer
[2] **fashion** ['fæʃən]	Art und Weise; Form; Mode
out of fashion	*aus der Mode, unmodern*
[1] **fast** [fɑ:st]	schnell; fest

she was fast asleep	*sie war fest eingeschlafen*
my watch is fast	*meine Uhr geht vor*
fasten (to) ['fɑːsn]	befestigen, festmachen (an)
¹ **fat** [fæt] (fatter, fattest)	1. *s* Fett; 2. *adj* fett, dick
² **fate** [feit]	Schicksal
¹ **father** ['fɑːðə]	Vater
² **fault** [fɔːlt]	Fehler; Schuld; Versehen
² **favour** ['feivə]	1. *s* Gunst; Gefälligkeit; 2. *v* begünstigen, bevorzugen
in favour of	*zugunsten von*
be in favour of s.th.	*für etwas sein; dafür sein, daß*
May I ask you a favour?	*Würden Sie mir e-n Gefallen tun?*
² **favourable** (to) ['feivərəbl]	günstig (für)
² **favourite** ['feivərit]	1. *adj* Lieblings-; 2. *s* Liebling
¹ **fear** [fiə]	1. *s* Furcht, Angst; 2. *v* (be)fürchten, Angst haben
² **feast** [fiːst]	Fest
² **feather** ['feðə]	(Vogel-)Feder
feature ['fiːtʃə]	(Gesichts-)Zug; Merkmal; Haupt-, Spielfilm
February ['februəri]	Februar
fee [fiː]	Gebühr; Honorar
¹ **feed** [fiːd] (fed, fed)	füttern; ernähren
be fed up with s.o./s.th.	*jdn/etw satt haben*
¹ **feel** [fiːl] (felt, felt)	(sich) fühlen; spüren, empfinden
feel for s.th.	*nach etwas tasten*
² **feeling** ['fiːliŋ]	Gefühl
¹ **fellow** ['feləu]	Kerl; Gefährte; Kamerad
² **female** ['fiːmeil]	1. *adj* weiblich; 2. *s* (Tier-)Weibchen
² **fence** [fens]	1. *s* Zaun; 2. *v* einzäunen; fechten
fencing ['fensiŋ]	Fechten
fetch [fetʃ]	holen; einbringen
² **fever** ['fiːvə]	Fieber
¹ **few** [fjuː]	wenig(e)
a few	*ein paar, einige*
a few times	*ein paarmal*
quite a few	*nicht wenige, ziemlich viele*
fiancé, fiancée [fi'ɑ̃ːnsei]	Verlobte(r)
¹ **field** [fiːld]	Feld; Gebiet
¹ **fight** [fait] (fought, fought)	1. *v* kämpfen; fechten; 2. *s* Kampf; Gefecht

[1] **figure** ['figə]	1. *s* Zahl, Ziffer; Figur, Gestalt; Persönlichkeit; 2. *v* figurieren, e-e Rolle spielen; sich etw vorstellen
figure out	*ausrechnen, -denken*
[1] **fill** [fil]	(sich) füllen
I must have a tooth filled.	*Ich muß mir einen Zahn plombieren lassen.*
fill in a form	*ein Formular ausfüllen*
film [film]	Film
There's a good film on.	*Es läuft ein guter Film.*
film star ['film stɑ:]	Filmstar
[2] **final** ['fainl]	1. *s* Schlußrunde; Endspiel; 2. *adj* endgültig; End-
[2] **finally** ['fainəli]	schließlich, zuletzt
financial [fai'nænʃəl]	finanziell; Geld-
[1] **find** [faind] **(found, found)**	finden
find out	*ausfindig machen*
[1] **fine** [fain]	1. *adj* fein, schön; 2. *s* Geldstrafe
How are you? (I'm) fine, thank you!	*Wie geht's Ihnen? Danke, gut!*
[1] **finger** ['fiŋgə]	Finger
He has it at his fingertips.	*Er kann es wie am Schnürchen.*
Keep your fingers crossed!	*Halten Sie mir den Daumen!*
[1] **finish** ['finiʃ]	1. *v* beenden; erledigen; enden; aufhören (mit); den letzten Schliff geben; 2. *s* Ende; Endkampf
finish off/up	*aufessen*
[1] **fire** ['faiə]	1. *s* Feuer; 2. *v* feuern; schießen; (jdn) entlassen
be on fire	*brennen*
catch fire	*Feuer fangen*
set fire to s.th./s.th. on fire	*etw in Brand stecken*
fire insurance	*Feuerversicherung*
[2] **firm** [fə:m]	1. *adj* fest; hart; 2. *s* Firma
[1] **first** [fə:st]	erste(r, s); zuerst
at first	*zuerst*
at first sight	*auf den ersten Blick*
first of all	*vor allem, zunächst*
first name ['fə:st 'neim]	Vorname
[1] **fish,** *pl* **fish** [fiʃ]	1. *s* Fisch; 2. *v* fischen, angeln
fisherman ['fiʃəmən]	Fischer
[1] **fit** [fit] **(fitter, fittest)**	1. *adj* passend; geeignet, tauglich; in (guter) Form; 2. *v* passen; anprobieren; anpassen, anbringen

[1] **fix** [fiks]	1. *v* befestigen; festlegen; reparieren; fixieren; 2. *s* Klemme
I fixed him up with a job.	*Ich verschaffte ihm eine Stelle.*
get in a fix	*in eine Klemme geraten*
I'm in a fix.	*Ich bin in einer Klemme.*
[2] **flag** [flæg]	Fahne, Flagge
[2] **flame** [fleim]	Flamme
[2] **flash** [flæʃ]	1. *v* (auf)blitzen; funkeln, leuchten; 2. *s* Aufflammen, Aufblitzen; Blitz
[1] **flat** [flæt]	1. *s* (Etagen-)Wohnung; 2. *adj* flach, platt
[2] **flesh** [fleʃ]	(lebendes) Fleisch
[1] **flight** [flait]	Flug; Flucht
Have a good flight!	*Guten Flug!*
put to flight	*in die Flucht schlagen*
[2] **float** [fləut]	(oben) schwimmen, treiben; schweben; flößen
[2] **flood** [flʌd]	1. *s* Flut; Überschwemmung; 2. *v* überschwemmen, -fluten
[1] **floor** [flɔ:]	(Fuß-)Boden; Stock(werk)
[1] **flour** ['flauə]	Mehl
[1] **flow** [fləu]	fließen, strömen
[1] **flower** ['flauə]	Blume; Blüte
[1] **fly** [flai] **(flew, flown)**	1. *v* fliegen; 2. *s* Fliege
[2] **fog** [fɔg]	(dicker) Nebel
foggy ['fɔgi]	neb(e)lig
[2] **fold** [fəuld]	1. *v* falten; einwickeln; 2. *s* Falte
folding bed	*Feldbett*
folding chair	*Klappstuhl*
[1] **follow** ['fɔləu]	folgen
as follows	*wie folgt; folgendermaßen*
[2] **fond** [fɔnd]	zärtlich; verliebt
be fond of	*gern haben; mögen; lieben*
[1] **food** [fu:d]	Essen; Nahrung(smittel)
[2] **fool** [fu:l]	Narr; Dummkopf
make a fool of oneself	*sich lächerlich machen*
You can't fool me!	*Sie können mir nichts vormachen!*
foolish ['fu:liʃ]	töricht, albern
[1] **foot,** *pl* **feet** [fut, fi:t]	Fuß (Maß = 0,3048 m)
on foot	*zu Fuß*
football ['futbɔ:l]	Fußball
football pools	*Fußballtoto*
footballer	*Fußballspieler*

[1] **for** [fɔ:]	für; nach; zu; denn; seit, ... lang
just for fun	*nur zum Spaß*
for this reason	*aus diesem Grund(e)*
what for?	*weswegen?*
for all I know	*soviel ich weiß*
for a long time	*seit langem*
for three days	*drei Tage lang; seit drei Tagen*
for years	*jahrelang*
[2] **forbid** [fə'bid] (forbad(e), forbidden)	verbieten
[1] **force** [fɔ:s]	1. *s* Kraft, Stärke; Macht; Gewalt; 2. *v* zwingen
armed forces	*Streitkräfte*
come into/be in force	*in Kraft treten/sein*
by force	*mit Gewalt*
forehead ['fɔrid]	Stirn
[2] **foreign** ['fɔrin]	ausländisch; fremd; Außen-
[2] **foreigner** ['fɔrinə]	Ausländer(in)
[1] **forest** ['fɔrist]	Wald, Forst
[1] **forget** [fə'get] (forgot, forgotten)	vergessen
Forget (about) it!	*Denk nicht mehr dran!*
[2] **forgive** [fə'giv] (forgave, forgiven)	vergeben, verzeihen
[1] **fork** [fɔ:k]	Gabel
[1] **form** [fɔ:m]	1. *s* Form; Gestalt; Formular; (Schul-)Klasse; 2. *v* bilden, gestalten
[2] **former** ['fɔ:mə]	vorige(r, s), frühere(r, s), ehemalige(r, s)
the former ... the latter	*der erstere ... der letztere*
[2] **formerly** ['fɔ:məli]	früher
[2] **fortune** ['fɔ:tʃən]	Glück; Vermögen; Schicksal
fortune-teller ['fɔ:tʃən-'telə]	Wahrsager(in)
[2] **fortunately** ['fɔ:tʃnitli]	glücklicherweise
[1] **forward** ['fɔ:wəd]	1. *adv* vorwärts, voran; 2. *v* (*Brief*) nachsenden
look forward to	*sich freuen auf*
[2] **frame** [freim]	Rahmen; Gestell
[1] **free** [fri:]	1. *adj* frei; kostenlos; 2. *v* befreien
you are free to go	*es steht Ihnen frei zu gehen*
[2] **freedom** ['fri:dəm]	Freiheit
[2] **freeze** [fri:z] (froze, frozen)	(ge)frieren
frozen vegetables	*Gefriergemüse*

[2] **French** [frentʃ]	französisch
Frenchman; the French ['frentʃmən]	der Franzose; die Franzosen
[2] **frequent** ['fri:kwənt]	häufig
[1] **fresh** [freʃ]	frisch
[1] **Friday** ['fraidi]	Freitag
[1] **friend** [frend]	Freund(in)
boy friend/girl friend	*Freund/Freundin*
make friends (with s.o.)	*sich anfreunden (mit jdm)*
[2] **friendly** ['frendli]	freundlich
[2] **friendship** ['frendʃip]	Freundschaft
[2] **fright** [frait]	Schreck(en)
[2] **frighten** ['fraitn]	(jdn) erschrecken; einschüchtern
be frightened	*erschrecken*
frightful ['fraitful]	schrecklich, furchtbar
[1] **from** [frɔm/frəm]	von; aus; vor
Where do you come from?	*Woher kommen Sie?*
from behind	*hinter ... hervor, von hinten*
[1] **front** [frʌnt]	1. *s* Vorderseite; Front; 2. *adj* Vorder-
in (the) front	*vorne*
in front of the house	*vor dem Haus*
front door ['frʌnt 'dɔ:]	Haustür
front seat ['frʌnt 'si:t]	Vordersitz
frontier ['frʌntʃə]	Grenze
[1] **fruit** [fru:t]	Obst; Frucht, Früchte
fulfil [ful'fil]	erfüllen; vollbringen
[1] **full** (of) [ful]	voll (von); völlig, vollständig
write s.th. in full	*etw (voll) ausschreiben*
work full time	*ganztägig arbeiten*
full up	*besetzt*
[2] **fun** [fʌn]	Spaß, Scherz
for fun	*zum/aus Spaß*
make fun of s.o.	*sich lustig machen über jdn*
[2] **funny** ['fʌni]	spaßig, komisch, drollig
[2] **fur** [fə:]	Pelz; Fell
furrier ['fʌriə]	Kürschner; Pelzhändler
[2] **furnish** ['fə:niʃ]	versehen (mit); ausstatten, möblieren
[2] **furniture** ['fə:nitʃə]	Möbel
[2] **further** ['fə:ðə]	1. *adj* ferner, weiter; 2. *v* fördern
[1] **future** ['fju:tʃə]	1. *adj* (zu)künftig; 2. *s* Zukunft

G

[2] **gain** [gein]	1. *v* gewinnen, erlangen, erwerben; 2. *s* Gewinn
gallon ['gælən] (measure = 4 quarts)	Gallone (Hohlmaß = *Br* 4,54; *Am* 3,78 Liter)
[1] **game** [geim]	Spiel; Wild
a game of chess	*eine Partie Schach*
watch a game	*(bei) e-m Spiel zusehen*
garage ['gærɑːʒ, 'gæridʒ]	Garage
[1] **garden** ['gɑːdn]	Garten
gardener ['gɑːdnə]	Gärtner
[2] **gas** [gæs]	Gas; *Am* Benzin
[1] **gate** [geit]	Tor; Sperre
[1] **gather** ['gæðə]	sammeln; pflücken; sich versammeln
[2] **gay** [gei]	lustig; heiter; vergnügt
[1] **general** ['dʒenərəl]	1. *adj* allgemein; 2. *s* General
in general	*im allgemeinen*
[2] **generally** (speaking) ['dʒenərəli]	gewöhnlich, im allgemeinen
general manager ['dʒenərəl 'mænidʒə]	Generaldirektor
generous ['dʒenərəs]	freigebig, großzügig
[2] **gentle** ['dʒentl]	sanft; mild; leise; vornehm
[2] **gentleman,** *pl* **gentlemen** ['dʒentlmən]	Herr
[1] **German** ['dʒəːmən]	1. *adj* deutsch; 2. *s* Deutsche(r)
[2] **Germany** ['dʒəːməni]	Deutschland
[1] **get** [get] (got, got)	bekommen; erreichen; geraten; werden
get across	*überqueren, hinüberkommen*
get in/out	*ein-/aussteigen*
get in touch with s.o.	*mit jdm Verbindung aufnehmen*
get on	*einsteigen; vorwärtskommen; sich vertragen*
get engaged (to s.o.)	*sich verloben (mit jdm)*
get rid of	*loswerden*
get up	*aufstehen*
how do I get there?	*wie komme ich dahin?*
he's got a car	*er besitzt ein Auto; er hat sich ein Auto angeschafft*
he got his hair cut	*er ließ sich die Haare schneiden*
it's getting dark	*es wird dunkel*

[2] **gift** [gift]	Gabe, Geschenk
[1] **girl** [gə:l]	Mädchen
[1] **give** [giv] **(gave, given)**	geben; schenken
give away	*verschenken; verteilen; preisgeben*
give s.o. a lift	*jdn im Auto mitnehmen*
give away a secret	*ein Geheimnis verraten*
give in	*nachgeben*
give s.o. a ring	*jdn anrufen*
he gives me a lot of trouble	*er macht mir viel Ärger*
give notice	*kündigen*
[1] **glad** [glæd]	froh
(I'm) glad to see you	*ich freue mich, Sie zu sehen*
I'd be glad to help you	*ich würde Ihnen gerne helfen*
[1] **glass** [glɑ:s]	Glas; Spiegel
Where are my glasses?	*Wo ist meine Brille?*
[2] **glorious** ['glɔ:riəs]	glorreich; prächtig
[2] **glory** ['glɔ:ri]	Ruhm; Pracht, Herrlichkeit
[2] **glove** [glʌv]	Handschuh
[1] **go** [gəu] **(went, gone)**	gehen; fahren
go abroad	*ins Ausland fahren*
go off	*weg-, ab-, losgehen; explodieren*
go on	*weitergehen;* (in der Rede) *fortfahren*
he went on smoking	*er rauchte weiter*
I'm going to sell it	*ich werde es verkaufen*
go to see s.o.	*jdn besuchen (gehen)*
that goes without saying	*(das ist) selbstverständlich*
my pain has gone	*meine Schmerzen sind weg*
Just go ahead!	*Mach (Sprich) nur weiter!*
goal [gəul]	*(im Fußball usw)* Tor
score a goal	*ein Tor schießen*
[1] **God** [gɔd]	Gott
[1] **gold** [gəuld]	Gold
[1] **good** [gud] **(better, best)**	gut; schön; lieb; günstig; gültig; wertvoll; tugendhaft
that's no good	*das ist nichts wert/ taugt nichts*
be good at s.th.	*etw gut können*
in good time	*rechtzeitig*
[1] **good-bye!** ['gud-'bai]	auf Wiedersehen!
good-for-nothing ['gudfə'nʌθiŋ]	Taugenichts
[2] **goods** [gudz]	Waren; Güter
[1] **goose,** *pl* **geese** [gu:s, gi:s]	Gans
[2] **govern** ['gʌvən]	regieren

[2] **government** ['gʌvənmənt]	Regierung
governor ['gʌvənə]	Gouverneur
[2] **grace** [greis]	Gnade
[2] **grade** [greid]	Grad; Rang
gradually ['grædjuəli]	allmählich
[2] **grain** [grein]	Getreide; Korn; Körnchen
grammar ['græmə]	Grammatik
grammar school ['græmə-sku:l]	Gymnasium
grand [grænd]	groß(artig); stattlich; hoch, vornehm
grandchild	*Enkelkind*
grandfather, grandmother	*Großvater, Großmutter*
grandson, granddaughter	*Enkel, Enkelin*
[2] **grant** [grɑ:nt]	1. *v* bewilligen, gewähren; zugeben; einräumen; 2. *s* Zuschuß, Stipendium
take s.th. for granted	*etw als erwiesen/gegeben annehmen*
grape [greip]	Weintraube
[1] **grass** [grɑ:s]	Gras
Keep off the grass!	*Betreten des Rasens verboten!*
grass-widower ['grɑ:s-'widəuə]	Strohwitwer
[2] **grateful** ['greitful]	dankbar
[2] **grave** [greiv]	Grab
[1] **great** [greit]	groß; großartig
a great many/deal	*sehr viel(e)*
(That's) great!	*Prima, toll!*
[1] **green** [gri:n]	grün
[1] **greet** [gri:t]	(be)grüßen
greeting ['gri:tiŋ]	Gruß; Begrüßung
[1] **grey** [grei]	grau
[2] **grocer** ['grəusə]	Kaufmann, Lebensmittelhändler
[1] **ground** [graund]	(Erd-)Boden; (Spiel-)Platz; Gebiet
ground floor ['graund'flɔ:]	Erdgeschoß
[2] **group** [gru:p]	Gruppe
[1] **grow** [grəu] **(grew, grown)**	wachsen; werden; *(Pflanzen)* züchten
[2] **grow up** ['grəu 'ʌp]	heran-, aufwachsen
grown-up ['grəunʌp]	1. *adj* erwachsen; 2. *s* Erwachsene(r)
it grew cold/dark	*es wurde kalt/dunkel*
[2] **growth** [grəuθ]	Wachstum; Wuchs
[2] **guard** [gɑ:d]	1. *s* Wache; Wächter; 2. *v* bewachen

[2] **guess** [ges]	(er)raten; vermuten; *Am* meinen
[2] **guest** [gest]	Gast
[2] **guide** [gaid]	1. *s* (Fremden-, Reise-)Führer; 2. *v* führen, leiten, lenken
[2] **guilty** ['gilti]	schuldig
guitar [gi'tɑ:]	Gitarre
[1] **gun** [gʌn]	Gewehr; Pistole

H

[2] **habit** ['hæbit]	Gewohnheit
[1] **hair** [hɛə]	Haar(e)
have one's hair cut	*sich die Haare schneiden lassen*
hairdresser ['hɛəˌdrəsə]	Friseur, Friseuse
[1] **half,** *pl* **halves** [hɑ:f, hɑ:vz]	1. *adj* halb; 2. *s* Hälfte
half an hour	*eine halbe Stunde*
at half (the) price	*zum halben Preis*
cut in half/into halves	*halbieren*
one and a half	*anderthalb*
[1] **hall** [hɔ:l]	Halle; Saal; Diele
[2] **ham** [hæm]	Schinken
[1] **hammer** ['hæmə]	Hammer
[1] **hand** [hænd]	1. *s* Hand; (Uhr-)Zeiger; 2. *v* (über)geben, reichen
at hand	*zur/bei der Hand*
by hand	*mit der Hand*
on hand	*vorhanden; vorrätig*
first hand information	*Information aus erster Hand*
on the one hand ... on the other hand	*einerseits ... andererseits*
hand in	(Gesuch usw) *einreichen*
[2] **hand-bag** ['hændbæg]	Handtasche
[1] **handkerchief** ['hæŋkətʃi:f]	Taschentuch
[2] **handle** ['hændl]	1. *v* handhaben; anfassen; umgehen mit; 2. *s* Griff; Henkel
Glass! Handle with care!	*Vorsicht, Glas!*
handsome ['hændsəm]	hübsch, gutaussehend; stattlich
[1] **hang** [hæŋ] **(hung, hung)**	(auf)hängen
hang about/around	*sich herumtreiben, herumlungern*
[1] **happen** ['hæpən]	sich ereignen, geschehen, passieren
I happened to meet him.	*Ich habe ihn zufällig getroffen.*
[2] **happiness** ['hæpinis]	Glück
[1] **happy** (about) ['hæpi]	glücklich (über)

[2] **harbour** ['hɑ:bə]	Hafen
[1] **hard** [hɑ:d]	hart; schwer, schwierig; tüchtig; heftig
It's hard for me.	*Es fällt mir schwer.*
He tried very hard.	*Er gab sich große Mühe.*
[1] **hardly** ['hɑ:dli]	kaum, schwerlich
hardly ever	*kaum jemals, fast nie*
hardly any	*fast kein(e)*
[2] **harm** [hɑ:m]	Schaden; Leid
do harm	*Schaden anrichten*
mean no harm	*es nicht böse meinen*
harmless ['hɑ:mlis]	harmlos
[2] **harvest** ['hɑ:vist]	Ernte
[2] **haste** [heist]	Eile, Hast
hasty ['heisti]	eilig, hastig
[1] **hat** [hæt]	Hut
[1] **hate** [heit]	1. *v* hassen; nicht mögen/nicht leiden können; 2. *s* Haß
[2] **hatred** ['heitrid]	Haß
[1] **have** [hæv] (had, had)	haben
have to	*müssen*
have s.th. done	*etw tun lassen*
Have a piece of cake!	*Nehmen Sie ein Stück Kuchen!*
You'd better go.	*Sie sollten lieber gehen.*
[1] **head** [hed]	Kopf; Leiter(in); Chef; Haupt-, Ober-
at the head of	*am oberen Ende, oben*
keep one's head	*die Ruhe bewahren*
lose one's head	*den Kopf verlieren*
[2] **headache** ['hedeik]	Kopfschmerzen
headline ['hedlain]	Schlagzeile; Überschrift
headmaster ['hed'mɑ:stə]	(Schul-)Direktor
[1] **health** [helθ]	Gesundheit
healthy ['helθi]	gesund
[1] **heap** [hi:p]	Haufe(n)
[1] **hear** [hiə] (heard, heard)	hören; erfahren
hear a witness	*e-n Zeugen vernehmen*
[1] **heart** [hɑ:t]	Herz
by heart	*auswendig*
[1] **heat** [hi:t]	1. *s* Hitze; 2. *v* heizen; erhitzen
[2] **heating** ['hi:tiŋ]	Heizung
[1] **heaven** ['hevn]	Himmel
Good heavens!	*Ach du lieber Himmel!*
Thank heavens!	*Gott sei Dank!*
For heaven's sake!	*Um Gottes willen!*

[1] **heavy** ['hevi]	schwer; stark, groß; schwerfällig
[2] **height** [hait]	Höhe; Anhöhe; Höhepunkt
heir [ɛə]	Erbe
helicopter ['helikɔptə]	Hubschrauber
[2] **hell** [hel]	Hölle
[1] **help** [help]	1. *v* helfen; 2. *s* Hilfe
Please help yourself!	*Bitte bedienen Sie sich! Langen Sie zu!*
I can't help it.	*Ich kann nichts dafür.*
I couldn't help laughing.	*Ich mußte lachen.*
Help!	*Zu Hilfe!*
call for help	*um Hilfe rufen*
[2] **helpful** ['helpful]	hilfsbereit; hilfreich
[2] **helpless** ['helplis]	hilflos
[1] **hen** [hen]	Henne
[1] **here** [hiə]	hier; hierher
Here you are! Here it is!	*Hier (haben Sie es)! Bitte schön!*
[2] **hero** ['hiərəu]	Held
herring ['heriŋ]	Hering
[2] **hesitate** ['heziteit]	zögern, zaudern
hesitation [ˌhezi'teiʃən]	Zögern, Zaudern
without hesitation	*ohne zu zögern*
[2] **hide** [haid] **(hid, hidden)**	(sich) verstecken, verbergen
[1] **high** [hai]	hoch
[1] **highly** ['haili]	höchst; sehr
highway ['haiwei]	*Am* Autobahn
[1] **hill** [hil]	Hügel
[2] **hire** ['haiə]	mieten
[2] **historic(al)** [his'tɔrik(əl)]	geschichtlich
[2] **history** ['histəri]	Geschichte
[2] **hit** [hit] **(hit, hit)**	1. *v* treffen; stoßen an/auf; schlagen; 2. *s* Schlag; Treffer; (Musik-) Schlager
hobby ['hɔbi]	Hobby, Steckenpferd
[1] **hold** [həuld] **(held, held)**	halten
hold tight	*(sich) festhalten*
hold a meeting	*e-e Versammlung abhalten*
get/take hold of	*fassen, erwischen, packen*
Keep hold of it!	*Halten Sie es fest!*
Hold on!	*Augenblick! Moment mal!*
Hold the line, please!	*Bleiben Sie am Apparat, bitte!*
[1] **hole** [həul]	Loch
[1] **holiday** ['hɔlidei]	Feiertag

[1] **holiday** ['hɔlədi]	Urlaub
on holiday	*in/im Urlaub*
[2] **hollow** ['hɔləu]	hohl
[2] **holy** ['həuli]	heilig
[1] **home** [həum]	Heim; Heimat
go home	*nach Hause gehen*
at home	*zu Hause, daheim; in der Heimat*
Make yourself at home.	*Machen Sie es sich bequem.*
homework ['həumwə:k]	Hausaufgabe
[2] **honest** ['ɔnist]	ehrlich, redlich
[2] **honey** ['hʌni]	Honig
honeymoon ['hʌnimu:n]	Flitterwochen
[2] **honour** ['ɔnə]	Ehre
[2] **honourable** ['ɔnərəbl]	ehrenhaft
[2] **hook** [huk]	Haken
[1] **hope** [həup]	1. *s* Hoffnung; 2. *v* hoffen
it is to be hoped; as I hope; I hope so!	*hoffentlich*
[2] **hopeful** ['həupful]	hoffnungsvoll
[2] **hopeless** ['həuplis]	hoffnungslos
[1] **horse** [hɔ:s]	Pferd
horseshoe ['hɔ:ʃʃu:]	Hufeisen
[2] **hospital** ['hɔspitl]	Krankenhaus
host [həust]	Gastgober
hostess ['həustis]	Gastgeberin
[1] **hot** [hɔt]	heiß; warm
I'm hot.	*Mir ist warm.*
[1] **hotel** [həu'tel]	Hotel
[1] **hour** ['auə]	Stunde
at all hours	*jederzeit*
for hours	*stundenlang*
[1] **house** [haus]	Haus
[2] **household** ['haushəuld]	Haushalt
housekeeping ['hausˌki:piŋ]	Haushalten
housewife ['hauswaif]	Hausfrau
housework ['hauswə:k]	Hausarbeit
[1] **how** [hau]	wie
how much/many	*wieviel/wieviele*
How much is it?	*Was kostet es?*
How do you do?	*Guten Tag!*
How are you?	*Wie geht es Ihnen?*
[1] **however** [hau'evə]	wie auch (immer); jedoch, aber
[2] **human** ['hju:mən]	menschlich
humanity [hju(:)'mæniti]	Menschlichkeit

2 **humble** ['hʌmbl] — bescheiden; demütig
humorous ['hju:mərəs] — humorvoll
2 **humour** ['hju:mə] — Humor
1 **hunger** ['hʌŋgə] — Hunger
die of hunger — *verhungern*
1 **hungry** ['hʌŋgri] — hungrig
be/feel hungry — *Hunger haben*
2 **hunt** (for) [hʌnt] — jagen; suchen (nach)
1 **hurry** ['hʌri] — 1. *s* Eile, Hast; 2. *v* eilen; sich beeilen
be in a hurry — *in Eile sein*
There's no hurry. — *Es eilt nicht.*
Hurry (up)! — *Beeile dich!*
2 **hurt** [hə:t] (hurt, hurt) — verletzen; schmerzen; schaden
hurt s.o.'s feelings — *jdn kränken*
My hand hurts. — *Mir tut die Hand weh.*
She feels hurt. — *Sie fühlt sich gekränkt.*
2 **husband** ['hʌsbənd] — (Ehe-)Mann
hypnotism ['hipnətizəm] — Hypnotismus
hypnotist ['hipnətist] — Hypnotiseur
hypnotize ['hipnətaiz] — hypnotisieren

I

1 **ice** [ais] — Eis
ice-cream ['ais-'kri:m] — (Speise-)Eis
1 **icy** ['aisi] — eisig
2 **idea** [ai'diə] — Idee; Vorstellung; Begriff
What's the idea? — *Worum geht es?*
I had no idea. — *Ich hatte keine Ahnung.*
2 **idle** ['aidl] — untätig, müßig; faul
The machine stood/was idle. — *Die Maschine stand still.*
1 **if** [if] — wenn, falls; ob
if so — *wenn ja*
1 **ill** [il] — krank
become/fall/be taken ill — *krank werden*
2 **illness** ['ilnis] — Krankheit
imaginary [i'mædʒinəri] — eingebildet, unwirklich
2 **imagination** [iˌmædʒi'neiʃən] — Einbildungs(kraft)
2 **imagine** [i'mædʒin] — sich einbilden/vorstellen
Just imagine! — *Denken Sie sich nur!*
2 **immediate** [i'mi:djət] — unmittelbar; sofortig
2 **immediately** [i'mi:djətli] — sofort

immense [i'mens]	ungeheuer, unermeßlich
immigrant ['imigrənt]	Immigrant, Einwanderer
immigration [ˌimi'greiʃen]	Immigration, Einwanderung
impatient [im'peiʃənt]	ungeduldig
impolite [ˌimpə'lait]	unhöflich
import [im'pɔ:t]	(Waren) einführen
[2] **importance** [im'pɔ:təns]	Wichtigkeit; Bedeutung
[1] **important** [im'pɔ:tənt]	wichtig; bedeutend
[2] **impossible** [im'pɔsəbl]	unmöglich
[2] **impression** [im'preʃən]	Eindruck
give the impression	*den Eindruck machen/erwecken*
[2] **improve** [im'pru:v]	verbessern; sich bessern
[2] **improvement** [im'pru:vmənt]	(Ver-)Besserung; Fortschritt
[1] **in** [in]	in; hinein
in English	*auf Englisch*
written in pencil	*mit Bleistift geschrieben*
in writing	*schriftlich*
in all	*insgesamt*
in any case	*auf jeden Fall*
in order to do s.th.	*um etw zu tun*
[1] **inch** [intʃ]	Zoll (= 2,54 cm)
[2] **include** [in'klu:d]	(mit) einschließen; umfassen, enthalten
[2] **including** [in'klu:diŋ]	einschließlich
income ['inkʌm]	Einkommen
[2] **increase (in)** [in'kri:s]	zunehmen (an); vergrößern, vermehren, erhöhen
[2] **increase** ['inkri:s]	Zunahme; Wachstum; Erhöhung
[1] **indeed** [in'di:d]	in der Tat; gewiß; allerdings
Thank you very much indeed.	*Ich danke Ihnen vielmals.*
independence [indi'pendəns]	Unabhängigkeit
independent (of) [indi'pendənt]	unabhängig (von)
indoor ['indɔ:]	Innen-
[2] **industrial** [in'dʌstriəl]	industriell
[2] **industrialize** [in'dʌstriəlaiz]	industrialisieren
[2] **industry** ['indəstri]	Industrie; Gewerbe
inferior [in'fiəriə]	untergeordnet; minderwertig
[2] **influence** ['influəns]	1. *s* Einfluß; 2. *v* beeinflussen
[2] **inform** [in'fɔ:m]	informieren, benachrichtigen; unterrichten
keep oneself/s.o. informed	*sich/jdn auf dem laufenden halten*
[2] **information** [ˌinfə'meiʃən]	Information; Benachrichtigung
get information	*sich erkundigen*

for your information	*zu Ihrer Unterrichtung*
injection [in'dʒekʃən]	Injektion, Spritze
injure ['indʒə]	beschädigen; verletzen; beleidigen
[1] **ink** [iŋk]	Tinte
[2] **inquire (about)** [in'kwaiə]	sich erkundigen (über)
[2] **inquiry** [in'kwaiəri]	Nachfrage; Erkundigung; Nachforschung
[2] **insect** ['insekt]	Insekt
[1] **inside** ['in'said]	1. *adv* innerhalb, (dr)innen; hin-, herein; nach innen; innere(r, s); 2. *s* Innere(s); im Innern
inside out	*das Innere nach außen gekehrt; verkehrt*
[2] **insist (on)** [in'sist]	bestehen (auf)
[1] **in spite of** [in'spait əv]	trotz
[1] **instead** [in'sted]	statt dessen, dafür
instead of	*anstatt*
[2] **instruction** [in'strʌkʃən]	Unterricht; An-, Unterweisung
[2] **instrument** ['instrumənt]	Werkzeug, Instrument
insurance [in'ʃuərəns]	Versicherung
insure [in'ʃuə]	*(durch Vertrag)* versichern
intellectual [inti'lektʃuəl]	intellektuell
intelligence [in'telidʒəns]	Verstand, Einsicht
intelligent [in'telidʒənt]	klug, verständig
[2] **intend** [in'tend]	beabsichtigen
intended for	*gedacht/bestimmt für*
[2] **intention** [in'tenʃən]	Absicht; Zweck
[2] **interest** ['intrist]	1. *s* Interesse; Anteil; Zins(en); 2. *v* interessieren
it's in my own interest	*es liegt in meinem Interesse*
be interested in	*sich interessieren für, interessiert sein an*
[2] **interesting** ['intristiŋ]	interessant
international [intə'næʃnl]	international
[2] **interrupt** [ˌintə'rʌpt]	unterbrechen
[2] **interruption** [ˌintə'rʌpʃən]	Unterbrechung
[1] **into** ['intu(:), 'intə]	in; in ... hinein
[2] **introduce** [ˌintrə'dju:s]	einführen; vorstellen
May I introduce Mr Brown to you?	*Darf ich Ihnen Herrn Brown vorstellen?*
[2] **introduction** [ˌintrə'dʌkʃən]	Einführung
letter of introduction	*Empfehlungsschreiben*
[2] **invent** [in'vent]	erfinden
[2] **invention** [in'venʃən]	Erfindung

[2] **inventor** [in'ventə] Erfinder
[2] **invitation** [ˌinvi'teiʃən] Einladung
[2] **invite** [in'vait] einladen; auffordern
[1] **iron** ['aiən] 1. *s* Eisen; Bügeleisen; 2. *v* bügeln
irregular [i'regjulə] unregelmäßig
[1] **island** ['ailənd] Insel
issue ['isju:] 1. *s (einer Zeitung usw)* Nummer, Ausgabe; Streitfrage; Ausgang, Resultat; 2. *v* ausgeben; ausstellen

J

jacket ['dʒækit] Jacke
[2] **jam** [dʒæm] Marmelade, Konfitüre
January ['dʒænjuəri] Januar
jealous (of) ['dʒeləs] eifersüchtig (auf); neidisch
jealousy ['dʒeləsi] Eifersucht; Neid
jet [dʒet] Düse; Düsenflugzeug
[2] **jewel** ['dʒu:əl] Juwel; Edelstein
jewellery ['dʒu:əlri] Juwelen, Schmuck(-sachen)
[2] **job** [dʒɔb] Arbeit; Stelle, Stellung; Beruf
[1] **join** [dʒɔin] zusammenfügen; verbinden; sich vereinigen; sich anschließen an; beitreten
join a club — *e-m Klub beitreten*
May I join you? — *Darf ich mich Ihnen anschließen?/ zu Ihnen setzen?*
[2] **joint** [dʒɔint] 1. *adj* verbunden; gemeinsam; 2. *s* Gelenk; Keule
[2] **joke** [dʒəuk] 1. *s* Scherz; Witz; Spaß; 2. *v* Spaß, Witze machen
as a joke — *im Spaß, nicht ernst*
tell a joke — *e-n Witz erzählen*
it's no joke — *das ist kein Spaß*
a practical joke — *ein Streich, Schabernack*
be joking — *Spaß machen; scherzen*
[1] **journey** ['dʒə:ni] Reise
go on a journey — *e-e Reise machen; verreisen*
[1] **joy** [dʒɔi] Freude
[1] **judge** [dʒʌdʒ] 1. *v* richten; (be)urteilen; 2. *s* Richter
[2] **judg(e)ment** ['dʒʌdʒmənt] Urteil; Meinung

juice [dʒu:s]	Saft
[1] **July** [dʒu'lai]	Juli
[1] **jump** [dʒʌmp]	1. *v* springen; auffahren; 2. *s* Sprung
make s.o. jump	*jdn erschrecken*
[1] **June** [dʒu:n]	Juni
[1] **just** [dʒʌst]	1. *adv* genau; gerade; gerade noch; nur; 2. *adj* gerecht, ehrlich
He's just arrived.	*Er ist eben angekommen.*
just as/so	*genau so, ebenso*
just in case	*nur für den Fall, daß*
just now	*soeben, eben erst, im Augenblick*
[2] **justice** ['dʒʌstis]	Gerechtigkeit
justify ['dʒʌstifai]	rechtfertigen

K

[2] **keen** [ki:n]	scharf; eifrig, begierig
be keen on s.th.	*stark interessiert sein an etw*
[1] **keep** [ki:p] **(kept, kept)**	(be)halten; aufbewahren
He kept his hat on.	*Er behielt den Hut auf.*
keep doing s.th.	*etw fortwährend tun*
keep in touch with s.o.	*in Kontakt bleiben mit jdm*
keep on talking	*weitersprechen*
keep quiet	*sich ruhig verhalten*
Danger! Keep out!	*Gefahr! Eintritt verboten!*
keep up	*aufrecht/hoch halten;* (von Wetter) *schön bleiben*
keep away from	*sich fernhalten von*
I'll keep an eye on you.	*Ich werde auf dich/Sie achten.*
I can't keep up with him.	*Ich kann mit ihm nicht Schritt halten. Mit ihm komme ich nicht mit.*
[1] **key** [ki:]	Schlüssel; Taste
kick [kik]	1. *v (mit dem Fuß)* stoßen, treten; 2. *s* (Fuß-)Tritt
[1] **kill** [kil]	töten
He was killed.	*Er kam ums Leben.*
[1] **kind** [kaind]	1. *adj* freundlich, gütig; 2. *s* Art, Sorte
would you kindly…	*würden Sie so freundlich sein und…*
what kind of	*was für ein*
all kinds of	*alle möglichen*
something of the kind	*so etwas*

[2] **kindness** ['kaindnis]	Freundlichkeit, Liebenswürdigkeit
He did it out of kindness.	*Er tat es aus Gefälligkeit.*
[1] **king** [kiŋ]	König
[2] **kingdom** ['kiŋdəm]	Königreich
[1] **kiss** [kis]	1. *v* küssen; 2. *s* Kuß
[1] **kitchen** ['kitʃin]	Küche
kitten ['kitn]	Kätzchen
[1] **knee** [ni:]	Knie
[1] **knife,** *pl* **knives** [naif, naivz]	Messer
[1] **knock** (at) [nɔk]	1. *v* schlagen, stoßen; klopfen (an); 2. *s* Schlag, Stoß, Klopfen
knock down	*niederschlagen*
knock out	*k.o. schlagen, kampfunfähig machen*
[2] **knot** [nɔt]	Knoten; Schleife
[1] **know** [nəu] (knew, known)	wissen; kennen
He knows French.	*Er kann Französisch.*
get to know s.o.	*jdn kennenlernen*
let s.o. know	*jdm Bescheid geben*
[2] **knowledge** ['nɔlidʒ]	Kenntnis(se); Wissen
to my knowledge	*soviel ich weiß*

L

[2] **labour** ['leibə]	Arbeit; Mühe
[2] **lack** [læk]	1. *v* ermangeln; Mangel haben; 2. *s* Mangel
he is lacking in	*es fehlt ihm an*
for lack of	*aus Mangel an*
[2] **ladder** ['lædə]	die Leiter; Laufmasche
[1] **lady,** *pl* **ladies** ['leidi, 'leidiz]	Dame
[1] **lake** [leik]	(Binnen-)See
[1] **lamp** [læmp]	Lampe
[1] **land** [lænd]	1. *s* (Fest-)Land; Grundbesitz; 2. *v* landen
landing ['lændiŋ]	Landung
landing craft	*Landefähre*
landlady ['lænˌleidi]	(Haus-, Gast-)Wirtin
landlord ['lænlɔ:d]	(Haus-, Gast-)Wirt
landscape ['lænskeip]	Landschaft
[1] **language** ['læŋgwidʒ]	Sprache
[1] **large** [lɑ:dʒ]	groß; geräumig; reichlich
[2] **largely** ['lɑ:dʒli]	in hohem Maße; größtenteils

[1] **last** [lɑ:st]	letzte(r, s); vorige(r, s)
last night	*gestern abend*
for the last time	*zum letzten Mal*
He came last.	*Er kam zuletzt.*
at last	*schließlich, endlich, am Ende*
last but not least	*nicht zuletzt*
[1] **late** [leit] (later, latest)	spät; verspätet; jüngst; verstorben
be late	*sich verspäten, zu spät kommen*
as late as 1914	*noch im Jahre 1914*
later on	*später, nachher*
the latest news	*die letzten/neuesten Nachrichten*
at the latest	*spätestens*
lately ['leitli]	in der letzten Zeit; neulich, vor kurzem
[1] **laugh** [lɑ:f]	lachen
laugh at s.o.	*jdn auslachen, über jdn lachen*
It's not a laughing matter.	*Das ist nicht zum Lachen.*
Don't make me laugh.	*Bringen Sie/bring mich nicht zum Lachen. Das ist ja zum Lachen.*
[2] **laughter** ['lɑ:ftə]	Gelächter
burst into laughter	*in (ein) Gelächter ausbrechen*
roar with laughter	*vor Lachen brüllen*
lavatory ['lævətəri]	Waschraum; Toilette
[1] **law** [lɔ:]	Gesetz; Recht(swissenschaft)
study law	*Jura studieren*
by law	*gesetzlich*
lawful ['lɔ:ful]	gesetzlich
lawyer ['lɔ:jə]	Rechtsanwalt
[1] **lay** [lei] (laid, laid)	legen, stellen, setzen
lay the table	*den Tisch decken*
lay down	*hin-, niederlegen; festlegen;* (Grundsatz) *aufstellen*
lay out	*auslegen, ausstellen*
[2] **lazy** ['leizi]	faul, träge
[1] **lead** [li:d] (led, led)	führen, leiten
lead the way	*vorangehen*
[2] **leader** ['li:də]	Führer, Leiter
[1] **leaf,** *pl* **leaves** [li:f, li:vz]	Blatt
leaflet ['li:flit]	Flugblatt; Reklamezettel
[2] **lean** [li:n] (leant, leant/leaned, leaned) (against)	sich lehnen (an)
He leaned out of the window	*Er lehnte sich aus dem Fenster.*

lean forward/backwards	*sich nach vorne/nach hinten beugen*
lean on/upon s.th.	*sich auf etw stützen*
[1] **learn** [lə:n] (learnt, learnt/learned, learned)	lernen; erfahren
[1] **least** [li:st]	geringste(r, s); kleinste(r, s); wenigste(r, s); am wenigsten
at least	*mindestens, wenigstens*
not in the least	*nicht im geringsten*
[1] **leather** [ˈleðə]	Leder
[1] **leave** [li:v] (left, left)	(ver-, zurück-, hinter-, übrig-) lassen; da-, liegen-, stehenlassen; ab-, weggehen, -fahren
Is there any tea left?	*Ist noch Tee da?*
Leave it/that to me.	*Überlassen Sie das mir!*
leave out	*weg-, auslassen*
take leave (of)	*sich verabschieden (von)*
[1] **left** [left]	1. *adj* linke(r, s); 2. *adv* links
the left	*linke Seite*
on the left	*links*
to the left of	*links von*
Keep (to the) left!	*Links halten!*
turn (to the) left	*nach links gehen/abbiegen*
[1] **leg** [leg]	Bein
lemon [ˈlemən]	Zitrone
[2] **lend** [lend] (lent, lent)	(ver)leihen
lend a hand	*behilflich sein*
[2] **length** [leŋθ]	Länge
at length	*endlich, schließlich; ausführlich*
[1] **less** [les]	weniger; geringer; kleiner
less five per cent	*abzüglich 5%*
none the less	*nichtsdestoweniger*
[2] **lessen** [ˈlesn]	(sich) vermindern; schmälern
[1] **lesson** [ˈlesn]	(Unterrichts-)Stunde; (Schul-) Aufgabe
give/take lessons	*Unterricht geben/nehmen*
[1] **let** [let] (let, let)	lassen; zulassen; vermieten
let in/out	*herein-/herauslassen*
let off steam	*Dampf ablassen* (auch fig)
let go	*loslassen*
let s.o. down	*jdn im Stich lassen*
Let's go!	*Gehen wir!*
Let me know.	*Geben Sie mir Bescheid.*
Let's have tea now.	*Jetzt trinken wir erst einmal Tee.*

[1] **letter** ['letə]	Brief; Buchstabe
[2] **letter-box** ['letəbɔks]	Briefkasten
[2] **level** ['levəl]	1. *s* gleiche Höhe, Niveau; Ebene; 2. *adj* waag(e)recht, eben
on a level with	*auf gleicher Höhe mit*
liar ['laiə]	Lügner(in)
[2] **liberty** ['libəti]	Freiheit
[2] **library** ['laibrəri]	Bibliothek; Bücherei
[1] **lie** [lai] (lay, lain)	liegen
lie down	*sich hinlegen*
[2] **lie** [lai]	1. *v* lügen; 2. *s* Lüge
He's telling lies.	*Er lügt.*
[1] **life,** *pl* **lives** [laif, laivz]	Leben
lose one's life	*ums Leben kommen*
[2] **lift** [lift]	1. *v* (auf-, hoch-)heben; sich (er)heben, steigen; 2. *s* Aufzug, Fahrstuhl; Mitnahme
I won't lift a finger.	*Ich werde keinen Finger rühren.*
give s.o. a lift	*jdn im Auto mitnehmen*
[1] **light** [lait] (lit, lit/lighted, lighted)	1. *s* Licht; 2. *v* be-, erleuchten; anzünden; 2. *adj* hell; leicht
Can you give me a light?	*Können Sie mir Feuer geben?*
lighter, cigarette-lighter ['laitə]	Feuerzeug
lightning ['laitniŋ]	Blitz
[1] **like** [laik]	gern haben, mögen, lieben
How do you like this picture?	*Wie gefällt Ihnen dieses Bild?*
I should like to know	*ich möchte gern wissen*
[1] **like** [laik]	1. *prp* wie; 2. *adj* gleich, ähnlich
What does he look like?	*Wie sieht er aus?*
What's the weather like?	*Wie ist das Wetter?*
It looks like rain.	*Es sieht nach Regen aus.*
There is nothing like travelling.	*Es geht nichts übers Reisen.*
Don't talk like that!	*Sprich nicht so!*
That's just like him.	*Das sieht ihm ähnlich.*
[2] **likely** ['laikli]	wahrscheinlich
He is not likely to come.	*Es ist nicht wahrscheinlich, daß er kommt.*
That's more likely.	*Das ist eher möglich.*
[2] **limit** ['limit]	1. *s* Grenze; 2. *v* begrenzen, beschränken
That's the limit!	*Das ist die Höhe!*

[1] **line** [lain]	Linie; Strecke; Zeile; Reihe; Leine; Branche
form a line	*sich in e-r Reihe aufstellen*
The line is engaged.	*Die Leitung ist besetzt.*
Hold the line, please!	*Bleiben Sie bitte am Apparat!*
[1] **lip** [lip]	Lippe
lipstick ['lipstik]	Lippenstift
[2] **liquid** ['likwid]	1. *adj* flüssig; 2. *s* Flüssigkeit
[2] **list** [list]	1. *s* Liste; Verzeichnis; 2. *v* eintragen, registrieren
[1] **listen (to)** ['lisn]	zuhören; horchen (auf); lauschen
listener	Zuhörer(in), Hörer(in)
litre ['li:tə]	Liter
[1] **little** ['litl] **(less, least)**	1. *adj* klein; 2. *adv* wenig; kaum, schwerlich
a little	*ein wenig, ein bißchen*
a little money	*etwas Geld*
in a little while	*in kurzer Zeit*
little by little	*nach und nach*
[1] **live** [liv]	leben; wohnen
He lives on bread and water.	*Er lebt von Wasser und Brot.*
I live near/by the station.	*Ich wohne nicht weit vom Bahnhof.*
I live at/with the Meiers.	*Ich wohne bei Meier(s).*
[2] **living** ['liviŋ]	1. *adj* lebend, lebendig; 2. *s* (Lebens-)Unterhalt
[2] **living-room** ['liviŋrum]	Wohnzimmer
live broadcast ['laiv 'brɔ:dkɑ:st]	Live(sendung), direkte Übertragung
lively ['laivli]	lebhaft, munter
[2] **load** [ləud]	1. *s* Last; Ladung; 2. *v* (be)laden, belasten
[2] **local** ['ləukəl]	örtlich, Orts-
[1] **lock** [lɔk]	1. *s* (Tür-)Schloß; Schleuse; 2. *v* ab-, verschließen
under lock and key	*hinter Schloß und Riegel*
lonely ['ləunli]	einsam; allein
[1] **long** [lɔŋ] **(longer, longest)**	lang; lange
a long time ago, long ago	*schon lange (her); vor langer Zeit*
for a long time	*lange (Zeit hindurch)*
before long	*in Kürze*
all night long	*die ganze Nacht hindurch*
no longer	*nicht mehr*
So long!	*Auf Wiedersehen! Bis später!*
[2] **long for** ['lɔŋ 'fɔ:]	sich sehnen nach

[1] **look** [luk]	1. *v* sehen, blicken; aussehen; 2. *s* Blick
look after	*aufpassen; sorgen für; sich kümmern um*
look at	*anschauen, -sehen, betrachten*
look for	*suchen*
look forward to	*sich freuen auf*
look up a word	(im Wörterbuch) *ein Wort nachschlagen*
Have a look at this dress!	*Sehen Sie sich mal dieses Kleid an!*
Look out!	*Achtung! Vorsicht!*
[2] **loose** [lu:s]	lose, locker
come/get loose	*sich lösen, locker werden*
[2] **loosen** ['lu:sn]	(sich) lösen; (sich) öffnen
[1] **lord** [lɔ:d]	Herr; Lord
the Lord	*Gott der Herr*
lorry ['lɔri]	Last(kraft)wagen
[1] **lose** [lu:z] **(lost, lost)**	verlieren
get lost	*verlorengehen; sich verirren*
We lost our way.	*Wir haben uns verlaufen/verirrt.*
[2] **loss** [lɔs]	Verlust
sell at a loss	*mit Verlust verkaufen*
be at a loss for	*verlegen sein um*
[2] **lot** [lɔt]	Menge; Los; Grundstück
a lot of/lots of	*eine (ganze) Menge, viel*
[1] **loud** [laud]	laut; *(Farbe)* grell
in a loud voice	*mit lauter Stimme*
[1] **love** [lʌv]	1. *s* Liebe; 2. *v* lieben
fall/be in love with s.o.	*sich verlieben/verliebt sein in jdn*
I love to read.	*Ich lese gern.*
[2] **lovely** ['lʌvli]	reizend, entzückend
[1] **low** [ləu]	niedrig
in a low voice	*mit leiser Stimme*
[2] **luck** [lʌk]	Glück; Zufall; Schicksalsfügung
have luck	*Glück haben*
Good luck!	*Viel Glück!*
(That's) bad/hard luck!	*Das ist Pech!*
[2] **lucky** ['lʌki]	glücklich
be lucky	*Glück haben*
luggage ['lʌgidʒ]	Gepäck
[1] **lunch** [lʌntʃ]	Mittagessen
[2] **lungs** *pl* [lʌŋz]	Lunge(n)

M

1 **machine** [mə'ʃi:n]	Maschine
machinery [mə'ʃi:nəri]	Maschinen; Mechanismus
2 **mad** [mæd]	verrückt, wahnsinnig
drive s.o. mad	*jdn verrückt machen*
1 **madam** ['mædəm]	*(Anrede)* gnädige Frau
2 **mail** [meil]	1. *s* Post; 2. *v Am* zur Post bringen
Is there any mail for me?	*Ist Post für mich da?*
by air mail	*per Luftpost*
2 **main** [mein]	Haupt-
the main thing	*die Hauptsache*
2 **mainly** ['meinli]	hauptsächlich
majority [mə'dʒɔriti]	Mehrheit
1 **make** [meik] (made, made)	machen; es schaffen (veran)lassen
make s.o. cry/laugh	*jdn zum Weinen/Lachen bringen*
He was made to show his passport.	*Er mußte seinen Paß zeigen.*
make for	*losgehen auf; sich aufmachen nach; fahren nach*
make out	*entziffern; verstehen; herausfinden*
make up	*ausdenken, erfinden*
make up one's mind	*sich entschließen*
make money	*Geld verdienen*
make a speech	*eine Rede halten*
He'll never make it.	*Er wird es nie schaffen.*
2 **male** [meil]	männlich
1 **man, *pl* men** [mæn, men]	Mann; Mensch
mankind [mæn'kaind]	Menschheit
2 **manage** ['mænidʒ]	leiten; handhaben; es schaffen/ fertigbringen
He managed to catch the train.	*Es gelang ihm, den Zug zu erreichen.*
I can manage with less.	*Ich komme mit weniger aus.*
2 **management** ['mænidʒmənt]	Führung, Leitung; Verwaltung
2 **manager** ['mænidʒə]	Leiter; Geschäftsführer
2 **manner** ['mænə]	Art (und Weise); Verhalten(sweise), Benehmen
2 **manners *pl*** ['mænəz]	Manieren; Lebensart
it's bad manners to	*es gehört sich nicht, zu*
1 **many** ['meni]	viele
a good/great many	*ziemlich viel, eine ganze Menge*
many a	*manche(r, s)*
1 **map** [mæp]	(Land-)Karte; (Stadt-)Plan

[1] **march** [mɑ:tʃ]	1. *v* marschieren; 2. *s* Marsch
[1] **March** [mɑ:tʃ]	März
[1] **mark** [mɑ:k]	1. *s* Zeichen; Marke; *(Schule)* Note; 2. *v* kennzeichnen; notieren; zensieren
hit the mark	*ins Schwarze treffen*
Mark my words!	*Merken Sie sich meine Worte!*
[1] **market** ['mɑ:kit]	Marktplatz; Markt
put on the market	*auf den Markt bringen*
find a ready market	*guten Absatz finden*
[2] **marriage** ['mæridʒ]	Ehe, Heirat
[2] **marry** ['mæri]	(ver)heiraten
get married	*(sich ver)heiraten*
[2] **mass** [mæs]	Masse; *(in der Kirche)* Messe
[1] **master** ['mɑ:stə]	1. *s* Herr; Meister; 2. *v* bewältigen; meistern
[2] **match** [mætʃ]	1. *s* Wettkampf, -spiel; Streichholz; 2. *v* gleichkommen; passen zu, zusammenpassen; passend machen; es aufnehmen mit
He is no match for him.	*Er ist ihm nicht gewachsen.*
The colours do not match.	*Die Farben passen nicht zusammen.*
[2] **material** [mə'tiəriəl]	Material; Stoff; Sach-
[1] **matter** ['mætə]	1. *s* Sache; Angelegenheit; Materie; Stoff; 2. *v* von Bedeutung/Wichtigkeit sein
a matter of course/of fact/of time	*eine Selbstverständlichkeit/eine Tatsache/eine Frage der Zeit*
What's the matter?	*Was ist (denn) los?*
no matter what he does	*ganz gleich/einerlei, was er tut*
It doesn't matter.	*Das macht nichts. Das spielt keine Rolle.*
No matter!	*Macht nichts!*
[1] **May** [mei]	Mai
[1] **may** [mei]	darf; kann (vielleicht); mag
might	*dürfte, könnte*
It may be too late.	*Es ist vielleicht zu spät.*
Maybe he's right.	*Vielleicht hat er (ja) recht.*
[2] **meadow** ['medəu]	Wiese
[2] **meal** [mi:l]	Mahlzeit
[1] **mean** [mi:n] (meant, meant)	meinen; bedeuten; beabsichtigen
It means a lot to me.	*Es liegt mir viel daran.*
[2] **meaning** ['mi:niŋ]	Bedeutung, Sinn

[2] **means** *pl* [mi:nz]	Mittel
a means to an end	*ein Mittel zum Zweck*
by means of	*mittels*
by no means	*auf keinen Fall, keineswegs*
meanwhile ['mi:n'wail]	inzwischen, mittlerweile
[1] **measure** ['meʒə]	Maß; Maßnahme, Maßregel
take measures	*Maßnahmen ergreifen*
[1] **meat** [mi:t]	Fleisch
[2] **medicine** ['medsin]	Medizin, Arznei
[1] **meet** [mi:t] **(met, met)**	(sich)treffen; begegnen; sich versammeln
I'll meet him at the station.	*Ich hole ihn vom Bahnhof ab.*
I'm glad to meet you.	*Ich freue mich, Sie kennenzulernen.*
meet expenses	*Ausgaben bestreiten*
meet s.o.'s demands	*jds Ansprüche befriedigen*
[2] **meeting** ['mi:tiŋ]	Begegnung; Treffen; Versammlung; Sitzung
meeting-place ['mi:tiŋ-pleis]	Treffpunkt, Versammlungsort
melody ['melədi]	Melodie
[2] **melt** [melt]	schmelzen
[1] **member** ['membə]	Mitglied
[2] **memory** ['meməri]	Gedächtnis; Erinnerung; Andenken
from/by memory	*aus dem Gedächtnis*
in memory of	*zum Andenken an*
mend [mend]	ausbessern, flicken, reparieren
[2] **mention** ['menʃən]	erwähnen
That's not worth mentioning.	*Das ist nicht der Rede wert.*
mere [miə]	nur, bloß
[1] **merry** ['meri]	fröhlich, lustig
[2] **message** ['mesidʒ]	Nachricht, Mitteilung; Botschaft
leave a message for s.o.	*jdm eine Nachricht hinterlassen*
[1] **metal** ['metl]	Metall
[1] **middle** ['midl]	Mitte
in the middle of	*mitten in*
[2] **midnight** ['midnait]	Mitternacht
[2] **mild** [maild]	mild, sanft
[1] **mile** [mail]	Meile (1609 m)
[1] **milk** [milk]	Milch
[1] **mill** [mil]	Mühle; Werk, Fabrik
[1] **mind** [maind]	1. *s* Verstand; Geist; Sinn; Gedächtnis; Erinnerung; 2. *v* beachten; sich um etw kümmern; etw dagegen haben
have a good mind to	*große Lust haben zu*

make up one's mind	*e-n Entschluß fassen, sich entschließen*
I've changed my mind.	*Ich hab's mir anders überlegt.*
keep s.th. in mind	*sich etw merken, an etw denken*
He has s.th. else in mind.	*Er hat etwas anderes im Sinne.*
Is he out of his mind?	*Ist er verrückt?*
Mind your own business!	*Kümmern Sie sich um Ihre eigenen Angelegenheiten!*
Do you mind if I smoke?	*Haben Sie etwas dagegen, wenn ich rauche?*
I don't mind the rain.	*Der Regen macht mir nichts aus.*
Mind the step!	*Achtung Stufe!*
Never mind!	*Macht nichts! Schon gut!*
2 **mine** [main]	Bergwerk; Mine
2 **miner** ['mainə]	Bergarbeiter
2 **minister** ['ministə]	Minister; Geistliche(r), Pastor
mink [miŋk]	Nerz
minority [mai'nɔriti]	Minderheit
1 **minute** ['minit]	Minute
2 **mirror** ['mirə]	Spiegel
miserable ['mizərəbl]	elend; erbärmlich
misery ['mizəri]	Elend, Not
misfortune [mis'fɔ:tʃən]	Mißgeschick; Unglück(sfall)
mislead [mis'li:d] (misled, misled)	irreführen
1 **Miss** [mis]	*(Anrede)* Fräulein
2 **miss** [mis]	vermissen; verfehlen; versäumen
be missing	*fehlen, vermißt werden*
1 **mistake** [mis'teik] (mistook, mistaken)	1. *s* Fehler; Irrtum; 2. *v* mißverstehen; verkennen; verwechseln
by mistake	*aus Versehen; irrtümlich*
mistake Bob for Joe	*Bob (irrtümlich) für Joe halten*
if I'm not mistaken	*wenn ich mich nicht irre*
There you are mistaken.	*Da irren Sie sich/irrst du dich.*
1 **mix** [miks]	mischen
be/get mixed up (in)	*verwickelt sein/werden (in)*
2 **mixture** ['mikstʃə]	Mischung
2 **model** ['mɔdl]	Modell; Vorbild, Muster
2 **modern** ['mɔdən]	modern
modest ['mɔdist]	bescheiden
modesty ['mɔdisti]	Bescheidenheit
1 **moment** ['məumənt]	Moment, Augenblick
He'll be here at any moment.	*Er wird jeden Augenblick hier sein.*
at/for the moment	*im Augenblick, augenblicklich*

in a moment	*gleich, sofort*
Just a moment, please!	*Einen Augenblick, bitte!*
monarchy ['mɔnəki]	Monarchie
1 **Monday** ['mʌndi]	Montag
1 **money** ['mʌni]	Geld
draw money out of the bank	*Geld abheben von der Bank*
make money	*zu Geld kommen, Geld verdienen*
money order ['mʌni ˌɔ:də]	Postanweisung; *(Bank)* Zahlungsauftrag
2 **monkey** ['mʌŋki]	Affe
1 **month** [mʌnθ]	Monat
monument ['mɔnjumənt]	Denkmal
1 **moon** [mu:n]	Mond
2 **moral** ['mɔrəl]	moralisch, sittlich
1 **more** [mɔ:]	mehr
more and more	*immer mehr*
not any more, no more	*nicht mehr*
more or less	*mehr oder weniger*
the more ... the more	*je (mehr) ... desto (mehr)*
what is more	*außerdem; darüber hinaus*
moreover [mɔ:'rəuvə]	überdies, ferner
1 **morning** ['mɔ:niŋ]	Morgen; Vormittag
this morning	*heute morgen*
1 **most** [məust]	der, die, das meiste; meist, höchst; am meisten
at (the) most	*höchstens*
for the most part	*größtenteils, zum größten Teil*
make the most of s.th.	*die beste Seite abgewinnen*
2 **mostly** ['məustli]	meistens
1 **mother** ['mʌðə]	Mutter
mother-in-law ['mʌðərinlɔ:]	Schwiegermutter
mother tongue ['mʌðə ˌtʌŋ]	Muttersprache
2 **motion** ['məuʃən]	(Körper-)Bewegung; Geste; *(im Parlament)* Antrag
1 **motor** ['məutə]	Motor
2 **motor-bike, motor-cycle** ['məutə'baik, -ˌsaikl]	Motorrad
motor-boat ['məutəbəut]	Motorboot
1 **motor-car** ['məutəkɑ:]	Auto
2 **mount** [maunt]	(hinauf)klettern; (hinauf)steigen
1 **mountain** ['mauntin]	Berg; *pl* Gebirge
1 **mouse**, *pl* **mice** [maus, mais]	Maus

[1] **mouth** [mauθ]	Mund; Maul; Mündung
[1] **move** [mu:v]	(sich) bewegen; gehen; umziehen
Move along, please!	*Bitte weitergehen! (im Bus) Bitte aufrücken!*
move in/out	*ein-/ausziehen*
move on	*weitergehen*
She was deeply moved.	*Sie war tief ergriffen/gerührt.*
[2] **movement** ['mu:vmənt]	Bewegung
[1] **much** [mʌtʃ]	viel; sehr
How much is it?	*Wieviel macht es? Was macht das?*
as much	*ebensoviel*
twice as much	*noch einmal soviel*
[2] **mud** [mʌd]	Schlamm; (Straßen-)Schmutz
multiplication [ˌmʌltipli'keiʃən]	Vermehrung; Vervielfältigung; Multiplikation
multiply ['mʌltiplai]	(sich) vermehren; vervielfältigen; multiplizieren
multiply by seven	*mit sieben multiplizieren*
[2] **murder** ['mə:də]	1. *s* Mord; Ermordung; 2. *v* ermorden
[2] **murderer** ['mə:dərə]	Mörder
muscle ['mʌsl]	Muskel
[1] **music** ['mju:zik]	Musik
[1] **must** [mʌst]	muß
you mustn't (— must not) …	*Sie dürfen nicht …*
[1] **my** [mai]	mein(e)
[1] **myself** [mai'self]	ich (selbst)
I'm not myself today.	*Ich bin heute nicht ganz bei mir.*
I can do it by myself.	*Ich kann es allein tun.*
[2] **mysterious** [mis'tiəriəs]	geheimnivoll, rätselhaft
[2] **mystery** ['mistəri]	Geheimnis

N

[1] **nail** [neil]	1. *s* Nagel; 2. *v* (an)nageln
[1] **name** [neim]	1. *s* Name; 2. *v* (be)nennen
What's your name?	*Wie heißen Sie?*
What's the name of this place?	*Wie heißt dieser Ort?*
I don't know him by name.	*Ich kenne ihn nicht mit Namen.*
[1] **named** [neimd]	namens; genannt
namely ['neimli]	nämlich
[1] **narrow** ['nærəu]	eng; schmal
nasty ['nɑ:sti]	widerlich, häßlich; schmutzig

1 **nation** ['neiʃən]	Volk, Nation
2 **national** ['næʃnl]	national; Volks-, Staats-
2 **nationality** [ˌnæʃə'næliti]	Staatsangehörigkeit
2 **native** ['neitiv]	1. *adj* einheimisch; eingeboren; 2. *s* Einheimische(r); Eingeborene(r)
a native of London	*geboren in London, ein gebürtiger Londoner*
1 **natural** ['nætʃrəl]	natürlich
1 **nature** ['neitʃə]	die Natur; Beschaffenheit, Natur
by nature	*von Natur*
1 **near** [niə]	nahe
near our house	*in der Nähe unseres Hauses*
near by	*in der Nähe*
1 **nearly** ['niəli]	fast, beinahe
1 **necessary** ['nesisəri]	notwendig
necessity [ni'sesiti]	Notwendigkeit; Not; Bedürfnis
1 **neck** [nek]	Hals; Genick
1 **need** [ni:d]	1. *s* Bedürfnis; Not(wendigkeit); 2. *v* nötig haben, brauchen
be in need of	*nötig haben, brauchen*
Need I go there?	*Muß ich hingehen?*
You don't need to/needn't go there.	*Sie brauchen nicht hinzugehen.*
1 **needle** ['ni:dl]	Nadel
2 **neglect** [ni'glekt]	vernachlässigen; versäumen
negro, *pl* **negroes** ['ni:grəu, -z]	Farbiger, Neger
1 **neighbour** ['neibə]	Nachbar(in)
2 **neighbourhood** ['neibəhud]	Nachbarschaft; Gegend
neighbouring ['neibəriŋ]	benachbart, angrenzend
neither ['naiðə]	keine(r, s) (von beiden)
He doesn't smoke, and neither does she.	*Er raucht nicht, und sie auch nicht.*
neither … nor	*weder … noch*
2 **nerve** [nə:v]	Nerv
That noise gets on my nerves.	*Dieser Lärm geht mir auf die Nerven.*
2 **nervous** ['nə:vəs]	nervös; furchtsam; Nerven-
1 **nest** [nest]	Nest
2 **net** [net]	Netz
2 **network** ['netwə:k]	(Straßen-, Flug-, Autobahn-)Netz, Sendenetz
1 **never** ['nevə]	nie(mals)
nevertheless [ˌnevəðə'les]	trotzdem, dennoch

[1] **new** [nju:]	neu
[1] **news** *sg* [nju:z]	Neuigkeit(en); Nachricht(en)
What's the news?	*Was gibt es Neues?*
That's no news to me.	*Das ist mir nichts Neues.*
Here is the news.	*(Radio) Sie hören Nachrichten.*
[1] **newspaper** ['nju:sˌpeipə]	Zeitung
newsstand ['nju:zstænd]	Zeitungsstand
[1] **next** [nekst]	nächste(r, s); zunächst; das nächste Mal
What next?	*Was nun? Was noch?*
next to	*neben, bei*
the next but one	*der übernächste*
[1] **nice** [nais]	hübsch, schön; nett; fein
have a nice time	*sich gut amüsieren*
[1] **night** [nait]	Nacht; Abend
all night	*die ganze Nacht (hindurch)*
at night	*am Abend; in der Nacht*
last night	*gestern abend*
tonight	*heute abend*
stay the night	*übernachten*
[1] **no** [nəu]	nein; kein(e, er, es)
No smoking/parking!	*Rauchen/Parken verboten!*
no one	*keiner, niemand*
in no time	*im Nu*
[1] **nobody** ['nəubədi]	niemand
[1] **noise** [nɔiz]	Lärm; Geräusch
[1] **noisy** ['nɔizi]	geräuschvoll; laut, lärmend
[1] **none** [nʌn]	keine(r, s)
That's none of your business!	*Das geht Sie nichts an!*
nonsense ['nɔnsəns]	Unsinn
noodle ['nu:dl]	Nudel
[1] **noon** [nu:n]	Mittag
[1] **nor** [nɔ:]	und auch nicht
normal ['nɔ:məl]	normal
[1] **north** [nɔ:θ]	Nord(en); nördlich
[1] **nose** [nəuz]	Nase
blow one's nose	*sich die Nase putzen*
[1] **not** [nɔt]	nicht
not ... yet	*noch nicht*
[2] **note** [nəut]	Aufzeichnung; Anmerkung; Notiz; *(in der Musik)* Note
take notes on	*(sich) Notizen machen über*
notebook ['nəutbuk]	Notizbuch; Heft

[1] **nothing** ['nʌθiŋ] nichts
nothing but lies *nichts als (lauter) Lügen*
to say nothing of *ganz zu schweigen von*
for nothing *umsonst*
[1] **notice** ['nəutis] 1. *s* Bekanntmachung; Mitteilung; Kenntnis; Kündigung; 2. *v* (be-)merken
take notice of *beachten, Notiz nehmen von*
He gave a month's notice. *Er kündigte e-n Monat im voraus.*
until further notice *bis auf weiteres*
without notice *ohne Ankündigung; fristlos*
[1] **November** [nəu'vembə] November
[1] **now** [nau] jetzt; nun
by now *inzwischen, mittlerweile, jetzt (schon)*
up to now, till now *bis jetzt*
(every) now and then *dann und wann, ab und zu, hin und wieder*
nowadays ['nauədeiz] heutzutage
[1] **nowhere** ['nəuwεə] nirgends(wo); nirgendwohin
[1] **number** ['nʌmbə] 1. *s* Nummer; (An-)Zahl; 2. *v* numerieren
even/odd number *gerade/ungerade Zahl*
quite a number of children *eine ganze Anzahl Kinder*
[2] **nurse** [nə:s] Krankenschwester; Kindermädchen
[2] **nut** [nʌt] Nuß

O

[2] **oak** [əuk] Eiche
[2] **obedience** [ə'bi:djəns] Gehorsam
[2] **obey** [ə'bei] gehorchen; befolgen
[1] **object** ['ɔbdʒikt] Gegenstand; Objekt; Ziel
[1] **object** [əb'dʒekt] einwenden; dagegen sein; beanstanden
if you don't object *wenn Sie nichts dagegen haben*
objection [əb'dʒekʃən] Einwand
[2] **observation** [ˌɔbzə'veiʃən] Beobachtung; Bemerkung
[2] **observe** [əb'zə:v] beobachten; beachten; bemerken
obtain [əb'tein] erhalten, bekommen
obvious ['ɔbviəs] offenbar, klar
[2] **occasion** [ə'keiʒən] Gelegenheit; Anlaß
[2] **occasional** [ə'keiʒənəl] gelegentlich

[2] **occupation** [ˌɔkjuˈpeiʃən]	Beruf; Beschäftigung; Besetzung
[2] **occupy** [ˈɔkjupai]	einnehmen; bewohnen; besetzen; beschäftigen; innehaben
They occupied a new house.	*Sie haben ein neues Haus bezogen.*
occupy oneself with	*sich beschäftigen mit*
[2] **ocean** [ˈəuʃən]	Ozean
[1] **October** [ɔkˈtəubə]	Oktober
[1] **of** [ɔv, əv]	von; aus; über; vor
a friend of mine	*e-r meiner Freunde*
He died of a heart attack.	*Er starb an e-m Herzschlag.*
[1] **off** [ɔf]	ab; weg; fort; los
I'm off.	*Ich gehe jetzt.*
Off you go!	*Gehen Sie! Geht nun!*
Hands off!	*Hände weg!*
They are well off.	*Es geht ihnen (finanziell) gut.*
have/take a day off	*e-n Tag frei haben/e-n Tag Urlaub nehmen*
[1] **offer** [ˈɔfə]	1. *v* (an)bieten; 2. *s* Angebot
[1] **office** [ˈɔfis]	Amt; Büro
in office	*im Amt*
office-boy [ˈɔfisbɔi]	Lehrjunge
[1] **officer** [ˈɔfisə]	Offizier; Beamte(r)
[2] **official** [əˈfiʃəl]	1. *adj* offiziell; 2. *s* Beamte(r)
[1] **often** [ˈɔftən]	oft, häufig
[1] **oil** [ɔil]	Öl
[1] **old** [əuld] (older, oldest/elder, eldest)	alt
old-fashioned	*altmodisch*
my elder/eldest brother	*mein älterer/ältester Bruder*
[1] **on** [ɔn]	auf; an; in
Have you any money on you?	*Haben Sie Geld bei sich?*
on the radio	*im Radio*
What's on?	*(im Kino usw) Was läuft? Was gibt es?*
on arriving home	*bei der Heimkehr*
on (and on)	*(immer) weiter, fort*
and so on	*und so weiter*
[1] **once** [wʌns]	einmal; einst; sobald
at once	*sofort*
once more	*noch einmal*
once and for all	*ein für allemal*
once in a while	*hin und wieder, gelegentlich*
[1] **one** [wʌn]	ein(s); man
a big dog and a little one	*ein großer Hund und ein kleiner*

one another	*einander, sich*
one day	*eines Tages*
one by one	*einzeln, einer nach dem andern*
1 **oneself** [wʌn'self]	(man) selbst; sich
by oneself	*selbst, aus eigener Kraft*
1 **only** ['əunli]	nur; einzig
only yesterday	*erst gestern*
not only ... but also	*nicht nur ... sondern auch*
onto ['ɔntu, 'ɔntə]	auf ... hinauf
1 **open** ['əupən]	1. *adj* offen; 2. *v* (sich) öffnen; eröffnen
open from 9 to 6	*geöffnet von 9 bis 6*
in the open (air)	*im Freien*
2 **opening** ['əupniŋ]	(Er-)Öffnung; offene Stelle
operate ['ɔpəreit]	funktionieren; handhaben; operieren
operation [ˌɔpə'reiʃən]	Arbeitsgang; Verfahren; Operation
2 **opinion** [ə'pinjən]	Meinung, Ansicht; Gutachten
in my opinion	*meiner Meinung nach*
I'm of the opinion	*ich bin der Meinung*
2 **opportunity** [ˌɔpə'tju:niti]	Gelegenheit, Chance
2 **opposite** ['ɔpəzit]	1. *adj* entgegengesetzt; gegenüber(liegend); 2. *s* Gegenteil
1 **or** [ɔ:]	oder
or else	*sonst, andernfalls*
2 **orange** ['ɔrindʒ]	Apfelsine, Orange
1 **order** ['ɔ:də]	1. *s* Ordnung; Befehl; Auftrag; Bestellung; 2. *v* befehlen; bestellen
by order of	*im Auftrage von*
in order to	*um ... zu*
be out of order	*nicht in Ordnung/kaputt/außer Betrieb sein*
put in order	*in Ordnung bringen*
2 **ordinary** ['ɔ:dnri]	gewöhnlich; üblich
2 **organization** [ˌɔ:gənai'zeiʃən]	Organisation
2 **organize** ['ɔ:gənaiz]	organisieren
origin ['ɔridʒin]	Ursprung
2 **original** [ə'ridʒənl]	1. *adj* ursprünglich; 2. *s* Original
1 **other** ['ʌðə]	andere(r, s)
every other day	*jeden zweiten Tag*
2 **otherwise** ['ʌðəwaiz]	sonst
1 **ought to** [ɔ:t]	sollte
You ought to have done it.	*Sie hätten es tun sollen.*

1 **out** [aut]	aus; her-, hinaus; (dr)außen
be out	*ausgegangen sein*
out of danger	*außer Gefahr*
out of date	*aus der Mode, altmodisch*
two out of three	*zwei von dreien*
That's out of the question.	*Das kommt nicht in Frage.*
2 **outdoor** ['autdɔ:]	Außen-; im Freien
2 **outdoors** ['aut'dɔ:z]	draußen; außer dem Hause
outer ['autə]	äußere(r, s); Außen-
2 **outside** [aut'said]	1. *adv* (nach) (dr)außen; außerhalb; 2. *adj* Außen-; 3. *s* Außenseite; Äußere(s)
1 **over** ['əuvə]	über; her-, hinüber; vorüber
all over	*überall; über und über*
from all over Germany	*aus ganz Deutschland*
The storm is over.	*Der Sturm ist vorüber.*
over and over (again)	*immer wieder*
over there	*da drüben*
knock/push over	*umstoßen*
overdo [ˌəuvə'du:]	übertreiben
2 **overlook** [ˌəuvə'luk]	überblicken; übersehen, nicht bemerken
overnight [ˌəuvə'nait]	über Nacht
oversleep [ˌəuvə'sli:p]	verschlafen
overtake [ˌəuvə'teik]	überholen
2 **overwork** [ˌəuvə'wə:k]	(sich) überarbeiten
2 **owe** [əu]	schulden; verdanken
2 **owing to** ['əuiŋ tu]	wegen
owl [aul]	Eule
1 **own** [əun]	1. *adj* eigen; 2. *v* besitzen; eingestehen, zugeben
I have a room of my own.	*Ich habe ein eigenes Zimmer.*
He's on his own now.	*Er steht jetzt auf eigenen Füßen.*
2 **owner** ['əunə]	Inhaber; Besitzer; Eigentümer
oxygen ['ɔksidʒən]	Sauerstoff

P

[1] **pack** [pæk]	1. *s* Pack; Paket; Päckchen; Rudel; 2. *v* (ein-, ver)packen
package ['pækidʒ]	Päckchen, Packung
[1] **page** [peidʒ]	Seite, Blatt
[2] **pain** [pein]	Schmerz(en)
take (great) pains	*sich (große) Mühe geben*
[2] **painful** ['peinful]	schmerzhaft, schmerzlich
[1] **paint** [peint]	1. *s* Farbe; Anstrich; 2. *v* (an)-streichen; (be)malen
Wet paint!	*Frisch gestrichen!*
[1] **painter** ['peintə]	Maler(in)
[1] **painting** ['peintiŋ]	Malerei; Gemälde
[1] **pair** [pɛə]	Paar
in pairs	*paarweise*
palace ['pælis]	Schloß, Palast
[2] **pale (with)** [peil]	blaß, bleich (vor)
turn pale	*blaß werden*
[1] **paper** ['peipə]	Papier; Zeitung
parachute ['pærəʃu:t]	Fallschirm
paralysed ['pærəlaizd]	gelähmt
[2] **parcel** ['pɑ:sl]	Paket; Päckchen
[2] **pardon** ['pɑ:dn]	1. *s* Verzeihung; Begnadigung; 2. *v* verzeihen; begnadigen
(I beg your) pardon!	*Entschuldigen Sie!*
(I beg your) pardon?	*Wie bitte?*
[1] **parents** ['pɛərənts]	Eltern
[2] **park** [pɑ:k]	1. *s* Park; 2. *v (e-n Wagen)* parken
parliament ['pɑ:ləmənt]	Parlament
[1] **part** [pɑ:t]	1. *s* Teil; 2. *v* (zer)teilen; sich trennen
for my part	*meinerseits*
for the most part	*größtenteils; meist*
take part in	*teilnehmen an*
a part-time job	*e-e Teilzeitarbeit*
[2] **particular** [pə'tikjulə]	besondere(r, s)
in particular	*insbesondere*
[2] **particularly** [pə'tikjuləli]	besonders
[2] **partly** ['pɑ:tli]	zum Teil, teilweise
partner ['pɑ:tnə]	Partner, Teilhaber
[2] **party** ['pɑ:ti]	Partei; Gesellschaft; Partie; Party
give a party	*e-e Party geben*

[1] **pass** [pɑ:s]	gehen, fahren (durch); vorbeigehen, -fahren (an); *(Zeit)* verfließen, vergehen; geben, reichen
pass an exam	*ein Examen bestehen*
pass for	*gelten als*
Please, pass (me) the bread.	*Bitte reichen Sie mir das Brot!*
pass the driving test	*den Führerschein machen*
[2] **passage** [ˈpæsidʒ]	Durchgang; Durchfahrt; Korridor; (Text-)Stelle, Abschnitt
[2] **passenger** [ˈpæsindʒə]	Passagier; Reisende(r)
[2] **passionate** [ˈpæʃənit]	leidenschaftlich
passport [ˈpɑ:s-pɔ:t]	(Reise-)Paß
[1] **past** [pɑ:st]	1. *adj* vergangen; 2. *adv* vorüber, vorbei; 3. *s* Vergangenheit
half past nine	*(Uhrzeit) halb zehn*
run past s.o./s.th.	*an jdm/etw vorbeilaufen*
in the past	*früher*
[2] **path** [pɑ:θ]	Pfad, Weg
[2] **patience** [ˈpeiʃəns]	Geduld, Ausdauer
[2] **patient** [ˈpeiʃənt]	1. *adj* geduldig; 2. *s* Patient(in)
[2] **pause** [pɔ:z]	1. *s* Pause; 2. *v* e-e Pause machen, innehalten
[1] **pay** [pei] **(paid, paid)**	(be)zahlen
pay a visit	*einen Besuch abstatten*
pay attention	*aufpassen*
[2] **payment** [ˈpeimənt]	(Be-)Zahlung; Betrag
pea [pi:]	Erbse
[1] **peace** [pi:s]	Friede(n)
make peace	*Frieden schließen*
[1] **peaceful** [ˈpi:sful]	friedlich
[2] **pear** [pɛə]	Birne
pearl [pə:l]	Perle
[1] **pen** [pen]	(Schreib-)Feder
[1] **pencil** [ˈpensl]	Bleistift
[1] **penny,** *pl* **pennies, pence** [ˈpeni, ˈpeniz, pens]	Penny
[1] **people** *pl* [ˈpi:pl]	Volk; (die) Leute; man
many people were hurt.	*Viele Leute wurden verletzt.*
pepper [ˈpepə]	Pfeffer
[2] **per cent** [pəˈsent]	Prozent
[1] **perfect** [ˈpə:fikt]	vollkommen
He's perfectly satisfied.	*Er ist völlig zufrieden.*
[2] **perform** [pəˈfɔ:m]	aus-, durchführen; aufführen, vortragen, spielen; auftreten

2 **performance** [pə'fɔ:məns]	Durchführung; Leistung; Aufführung, Vorstellung
1 **perhaps** [pə'hæps]	vielleicht
2 **permit** [pə'mit]	erlauben
be permitted	*dürfen*
2 **permit** ['pə:mit]	Genehmigung, (Erlaubnis-)Schein
1 **person** ['pə:sn]	Person; Persönlichkeit
2 **personal** ['pə:snl]	persönlich
persuade (of) [pə'sweid]	überreden
petrol ['petrəl]	Benzin
petrol-station ['petrəl'steiʃn]	Tankstelle
2 **photo(graph)** ['fəutə(u)grɑ:f]	1. *s* Photo(graphie); 2. *v* photographieren
take a photo(graph)	*e-e Aufnahme machen*
photographer [fə'tɔgrəfə]	Photograph
photographic [ˌfəutə'græfik]	photographisch
2 **photography** [fə'tɔgrəfi]	(die) Photographie *(als Kunst)*
piano ['pjænəu]	Klavier
2 **pick** [pik]	picken; zupfen; *(Frucht)* pflücken; auswählen
pick up	*aufheben, -lesen; (im Auto) mitnehmen*
1 **picture** ['piktʃə]	Bild; *(Kino)* Film
take a picture/pictures	*Aufnahmen machen, photographieren*
go to the pictures	*ins Kino gehen*
1 **piece** [pi:s]	Stück
piece by piece	*Stück für Stück*
a piece of advice/news	*ein Rat/e-e Neuigkeit*
take/fall to pieces	*auseinandernehmen/-fallen*
1 **pig** [pig]	Schwein
pill [pil]	Pille, Tablette
pillow ['piləu]	(Kopf-)Kissen
pilot ['pailət]	Pilot
1 **pin** [pin]	1. *s* Stecknadel; 2. *v* anheften, feststecken
pint [paint]	Schoppen, Pinte *(Hohlmaß, Br = 0,568; Am = 0,473 Liter)*
pioneer [ˌpaiə'niə]	Pionier
1 **pipe** [paip]	(Tabaks-)Pfeife; (Leitungs-)Rohr
2 **pity** ['piti]	Mitleid
have/take pity on s.o.	*mit jdm Mitleid haben*
it's a pity	*es ist schade*

What a pity!	*Wie schade!*
1 **place** [pleis]	1. *s* Platz; Ort; Stelle; 2. *v* stellen; setzen
take place	*stattfinden*
in place of	*anstelle (von)*
in the first place	*erstens*
be out of place	*unangebracht sein*
1 **plain** [plein]	1. *adj* einfach; klar, deutlich; 2. *s* Ebene; Hochland
The meaning is quite plain to me.	*Die Bedeutung ist mir völlig klar.*
1 **plan** [plæn]	1. *s* Plan, Entwurf; 2. *v* planen
according to plan	*planmäßig*
plan a holiday	*Ferienpläne machen*
plane [plein]	Flugzeug
1 **plant** [plɑ:nt]	1. *s* Pflanze; Fabrikanlage; 2. *v* pflanzen
2 **plastic** ['plæstik]	plastisch; formend, gestaltend; formbar
1 **plate** [pleit]	Teller; Tafel, Platte
1 **play** [plei]	1. *v* spielen; 2. *s* (Theater-)Stück
We played cards.	*Wir haben Karten gespielt.*
She plays the piano.	*Sie spielt Klavier.*
1 **player** ['pleiə]	Spieler
1 **please** [pli:z]	gefallen; erfreuen
be pleased (with s.th.)	*zufrieden/erfreut sein, sich freuen (über etw)*
Please!	*Bitte!*
1 **pleasant** ['pleznt]	angenehm, erfreulich
1 **pleasure** ['pleʒə]	Vergnügen, Freude
2 **plenty** ['plenti]	Fülle, Überfluß
plenty of	*e-e Menge, viel, reichlich*
1 **pocket** ['pɔkit]	Tasche
2 **poem** ['pəuim]	Gedicht
2 **poet** ['pəuit]	Dichter
2 **poetry** ['pəuitri]	Gedichte, Dichtung (Verse)
1 **point** [pɔint]	1. *s* Spitze; Punkt; 2. *v* spitzen
the strong/weak point of s.o.	*jds starke/schwache Seite*
come/keep to the point	*zur Sache kommen/bei der Sache bleiben*
get/see the point	*verstehen (worauf es ankommt)*
That's the point!	*Das ist eben die Frage! Da liegt der Hase im Pfeffer!*
That's beside the point.	*Das gehört nicht zur Sache.*

There's no point in that.	*Das hat keinen Sinn.*
point of view	*Gesichts-, Standpunkt*
point to/at	*zeigen/richten auf*
point out	*hinweisen/aufmerksam machen auf*
[2] **poison** ['pɔizn]	1. *s* Gift; 2. *v* vergiften
[2] **poisonous** ['pɔiznəs]	giftig, Gift-
[2] **police** *pl* [pə'li:s]	Polizei
[2] **policeman** [pə'li:smən]	Polizist
polish ['pɔliʃ]	polieren; glätten; *(Schuhe)* putzen
[2] **polite (to)** [pə'lait]	höflich (gegen)
political [pə'litikəl]	politisch
politician [ˌpɔli'tiʃən]	Politiker
politics *pl* ['pɔlitiks]	Politik
pomp [pɔmp]	Pomp, Prunk
poodle ['pu:dl]	Pudel
[1] **poor** [puə]	arm; armselig, dürftig; schlecht
popular ['pɔpjulə]	beliebt, populär
population [ˌpɔpju'leiʃən]	Bevölkerung
[2] **port** [pɔ:t]	Hafen(stadt)
porter ['pɔ:tə]	Gepäckträger
[2] **position** [pə'ziʃən]	Stellung; Lage
[2] **possess** [pə'zes]	besitzen
[2] **possession** [pə'zeʃən]	Besitz
take possession of	*in Besitz nehmen*
[2] **possibility** [ˌpɔsə'biliti]	Möglichkeit
[1] **possible** ['pɔsəbl]	möglich
[1] **post** [pəust]	1. *s* Post; Posten, Stelle; 2. *v (Brief)* aufgeben; aufstellen
send by post	*durch die Post schicken*
post a letter	*e-n Brief aufgeben/einwerfen*
postage ['pəustidʒ]	Porto
[1] **postcard** ['pəus(t)kɑ:d]	Postkarte
[1] **postman** ['pəus(t)mən]	Briefträger
[1] **post office** ['pəustˌɔfis]	Postamt
[1] **pot** [pɔt]	Topf; Kanne
[1] **potato,** *pl* **potatoes** [pə'teitəu]	Kartoffel
[1] **pound** [paund]	Pfund
[2] **pour** [pɔ:]	gießen, schütten
It's pouring (with rain).	*Es gießt in Strömen.*
[1] **powder** ['paudə]	1. *s* Pulver; Puder; 2. *v* pudern
[1] **power** ['pauə]	Kraft; Macht; Gewalt
come into power	*an die Macht kommen*
be in power	*an der Macht sein*

2 **powerful** ['pauəful]	mächtig; stark; gewaltig
2 **practical** ['præktikəl]	praktisch; praktisch veranlagt
2 **practically** ['præktikəli]	so gut wie, beinahe
2 **practice** ['præktis]	Übung; Praxis; Brauch
I'm out of practice.	*Ich bin aus der Übung.*
2 **practise** ['præktis]	(aus)üben; praktizieren; betreiben
2 **praise** [preiz]	1. *v* loben; 2. *s* Lob
2 **pray** [prei]	beten
2 **prayer** [prɛə]	Gebet
2 **precious** ['preʃəs]	kostbar
2 **prefer** [pri'fə:]	vorziehen, bevorzugen
2 **preference** ['prefərəns]	Vorzug, Vorliebe
2 **preparation** [ˌprepə'reiʃən]	Vor-, Zubereitung
make preparations	*Vorbereitungen treffen*
1 **prepare** (for) [pri'pɛə]	(sich) vorbereiten (zu, auf); zubereiten
be prepared to	*bereit sein zu*
1 **presence** ['prezns]	Gegenwart, Anwesenheit
presence of mind	*Geistesgegenwart*
1 **present** (at) ['preznt]	1. *adj* gegenwärtig; anwesend (bei); 2. *s* Geschenk
for the present	*vorläufig*
at the present time	*gegenwärtig*
I'll make you a present of it.	*Ich schenke es Ihnen.*
1 **present** [pri'zent]	(dar)bieten; (über)reichen; schenken
2 **president** ['prezidənt]	Präsident
1 **press** [pres]	1. *v* drücken; pressen; bügeln; drängen; 2. *s* (die) Presse
be pressed for (time, money, etc)	*in (Zeit-, Geld-, usw) Verlegenheit sein*
pressure ['preʃə]	Druck
put pressure on	*Druck ausüben auf*
pretend [pri'tend]	vorgeben, -täuschen; sich ausgeben als
She's just pretending.	*Sie tut nur so.*
1 **pretty** ['priti]	hübsch; ziemlich
2 **prevent** (from) [pri'vent]	verhindern, verhüten; abhalten (von)
previous ['pri:vjəs]	vorhergehend, früher, letzte(r, s)
previously ['pri:vjəsli]	vorher
1 **price** [prais]	Preis
2 **pride** [praid]	Stolz
take (a) pride in	*stolz sein auf*
2 **priest** [pri:st]	(kath.) Priester, Geistlicher

2 **prince** [prins]	Prinz, Fürst
2 **princess** [prin'ses]	Prinzessin
1 **print** [print]	1. *v* drucken; 2. *s* Druck; *(Photo)* Abzug
printed matter	*Drucksache*
2 **prison** ['prizn]	Gefängnis
2 **prisoner** ['priznə]	Gefangene(r); Häftling
2 **private** ['praivit]	privat
in private	*unter vier Augen*
Keep this private!	*Behalten Sie das für sich!*
prize [praiz]	(Sieges-)Preis
1 **probable** ['prɔbəbl]	wahrscheinlich
problem ['prɔbləm]	Problem
2 **produce** [prə'dju:s]	vorzeigen; erzeugen, herstellen
2 **product** ['prɔdʌkt]	Produkt, Erzeugnis
2 **production** [prə'dʌkʃən]	Produktion, Erzeugung, Herstellung
profession [prə'feʃən]	Beruf
by profession	*von Beruf*
professional [prə'feʃənl]	beruflich, Berufs-
professor [prə'fesə]	Professor
2 **profit** ['prɔfit]	Gewinn; Nutzen
at a high profit	*mit hohem Gewinn*
programme ['prəugræm]	Programm
2 **progress** ['prəugres]	Fortschritt(e)
be in progress	*im Gange sein*
2 **progress** [prə'gres]	Fortschritte machen, vorankommen
progressive [prə'gresiv]	progressiv
1 **promise** ['prɔmis]	1. *s* Versprechen; 2. *v* versprechen
make/keep a promise	*ein Versprechen geben/halten*
1 **pronounce** [prə'nauns]	erklären; verkünden; aussprechen
1 **pronunciation** [prəˌnʌnsi'eiʃən]	Aussprache
2 **proof** [pru:f]	Beweis; *(in Zusammensetzungen)* -dicht; -fest; -sicher
2 **proper** ['prɔpə]	passend; richtig; geeignet; angemessen; echt
behave properly	*sich anständig benehmen*
2 **property** ['prɔpəti]	Eigentum; Grundstück; Eigenschaft
2 **proposal** [prə'pəuzəl]	Vorschlag; (Heirats-)Antrag
2 **propose** [prə'pəuz]	vorschlagen
2 **proposition** [ˌprɔpə'ziʃən]	Feststellung; Lehrsatz; Plan, Vorhaben
2 **protect** [prə'tekt]	(be)schützen
2 **protection** [prə'tekʃən]	Schutz

protest ['prəutest]	Einspruch
protest [prə'test]	protestieren
[2] **proud** (of) [praud]	stolz (auf)
[2] **prove** [pru:v]	beweisen; erproben; sich erweisen als
[2] **provide** (for) [prə'vaid]	sorgen (für); bereitstellen; versehen, versorgen
Drinks are provided free.	*Getränke (sind) frei!*
provided (that)	*vorausgesetzt, (daß)*
pub(**lic house**) ['pʌb(lik'haus)]	Lokal, "Kneipe"
[1] **public** ['pʌblik]	1. *adj* öffentlich; bekannt; Gemein-; 2. *s* Publikum, Öffentlichkeit
in public	*in der Öffentlichkeit, öffentlich*
publicity [pʌb'lisiti]	Publizität; Reklame, Werbung
publish ['pʌbliʃ]	bekanntgeben, -machen; *(Buch)* veröffentlichen, herausgeben
[1] **pull** [pul]	ziehen, reißen
pull down a house	*ein Haus abreißen*
Pull yourself together!	*Nimm dich zusammen!*
[2] **pump** [pʌmp]	1. *s* Pumpe; 2. *v* pumpen
[2] **punish** ['pʌniʃ]	(be)strafen
[2] **punishment** ['pʌniʃmənt]	Strafe; Bestrafung
[1] **pupil** ['pju:pl]	Schüler(in)
[2] **pure** [pjuə]	rein
[2] **purpose** ['pə:pəs]	Zweck, Absicht
It serves its purpose.	*Es erfüllt seinen Zweck.*
on purpose	*absichtlich*
[2] **purse** [pə:s]	Geldbeutel
[1] **push** [puʃ]	stoßen; schieben; drängen
Don't push!	*Nicht drängen!*
[1] **put** [put] (put, put)	legen; stellen; setzen
I put my watch right.	*Ich habe meine Uhr richtiggestellt.*
Put your name here.	*Schreiben Sie Ihren Namen hierher.*
[2] *put down*	*weg-/beiseitelegen; aufschreiben, notieren*
[2] *put in*	*hineinstecken*
[2] *put off*	*auf-, verschieben*
[1] *put on*	*(Kleid, Schuhe) anziehen; (Hut) aufsetzen; (Licht) anmachen*
put s.o. in charge of	*jdm die Aufsicht übertragen über*
put on weight	*zunehmen, dicker werden*
He put on ten pounds.	*Er hat zehn Pfund zugenommen.*

[1] *put out*	*auslöschen*
put together	*(aus Teilen) zusammensetzen*
[2] *put up*	*erheben; erhöhen; errichten; (Person) unterbringen*
pyjamas *pl* [pə'dʒɑ:məz]	Schlafanzug, Pyjama

Q

[2] **qualified** ['kwɔlifaid]	qualifiziert
[2] **quality** ['kwɔliti]	Qualität; Eigenschaft
[2] **quantity** ['kwɔntiti]	Menge, Quantität
[2] **quarrel** ['kwɔrəl]	1. *s* Streit, Zank; 2. *v* streiten, zanken
quart [kwɔ:t]	Viertelgallone *(= 1,14 Liter)*
[1] **quarter** ['kwɔ:tə]	Viertel; (Stadt-)Viertel
It's a quarter to/past 6.	*Es ist Viertel vor/nach 6.*
[1] **queen** [kwi:n]	Königin
[1] **question** ['kwestʃən]	Frage
answer a question	*eine Frage beantworten*
put a question to s.o.	*jdm eine Frage stellen*
There's no question about it.	*Darüber besteht kein Zweifel.*
be out of the question	*nicht in Frage kommen*
queue [kju:]	1. *s (von Personen)* Schlange, Reihe; 2. *v* Schlange stehen
[1] **quick** [kwik]	schnell
He's quick at learning.	*Er lernt schnell.*
Be quick!	*Mach schnell!*
[1] **quiet** ['kwaiət]	ruhig, still
Keep quiet!	*Bleib ruhig!*
[1] **quite** [kwait]	ganz, völlig; recht, ziemlich
That's quite possible/impossible.	*Das ist leicht möglich/völlig unmöglich.*
Quite (so)!	*Eben!*

R

[2] **race** ['reis]	1. *s* (Wett-)Rennen; Rasse; 2. *v* um die Wette rennen mit
[2] **racial** ['reiʃəl]	Rassen-; rassisch
[2] **radio** ['reidiəu]	Radio; Rundfunk
hear on the radio	*im Rundfunk hören*
Turn off/on the radio!	*Stell das Radio ab/an!*
[2] **rail** [reil]	Geländer(stange); Schiene
by rail	*mit der Eisenbahn*
[1] **railway,** *Am* **railroad** ['reilwei, '-rəud]	Eisenbahn
[1] **rain** [rein]	1. *s* Regen; 2. *v* regnen
raincoat ['reinkəut]	Regenmantel
[1] **rainy** ['reini]	regnerisch
[1] **raise** [reiz]	1. *v* (hoch)heben; erhöhen; verursachen; 2. *s* (Gehalts-)Erhöhung
raise money	*Geld aufbringen*
raise a question	*e-e Frage aufwerfen*
he raised his voice against	*er erhob seine Stimme gegen*
[2] **range** [reindʒ]	1. *v* sich erstrecken; 2. *s* Reichweite, Bereich; Spielraum
Prices were ranging from 5 to 10 pounds.	*Die Preise bewegten sich zwischen 5 und 10 Pfund.*
a wide range of	*e-e große Auswahl von*
[2] **rank** [ræŋk]	1. *s* Reihe; Rang; Stand; 2. *v* (sich) einreihen; gelten als
[2] **rare** [rɛə]	selten; vereinzelt; ungewöhnlich
[2] **rate** [reit]	1. *s* Verhältnis; Tarif; 2. *v* einschätzen; betrachten als
at the/a rate of	*zum Kurse von*
at the rate of 50 miles an hour	*mit e-r Geschwindigkeit von 50 Meilen in der Stunde*
at any rate	*auf jeden Fall*
rate of exchange	*Wechselkurs*
first/second rate	*erst-/zweitklassig*
[1] **rather** ['rɑ:ðə]	ziemlich; eher, lieber
I rather expected it.	*Ich habe es fast erwartet.*
I'd rather drive.	*Ich will lieber fahren.*
It's red, or rather, it's orange.	*Es ist rot, oder vielmehr orange.*
raw [rɔ:]	roh; Roh-; rauh
razor ['reizə]	Rasierapparat

1	**reach** [ri:tʃ]	erreichen; sich erstrecken
	out of reach	*außer Reichweite*
1	**read** [ri:d] **(read, read)**	lesen
	She read the letter to him.	*Sie las ihm den Brief vor.*
	reader ['ri:də]	Leser(in); Lesebuch
2	**readiness** ['redinis]	Bereitschaft, -willigkeit
1	**ready** ['redi]	bereit, fertig; prompt
	get ready	*(sich) fertigmachen*
	ready-made	*Konfektions-*
1	**real** [riəl]	wirklich; tatsächlich; echt
1	**reality** [ri(:)'æliti]	Wirklichkeit
	realize ['riəlaiz]	begreifen, erkennen; verwirklichen
1	**really** ['riəli]	wirklich, wahrhaftig
	realm [relm]	Königreich
2	**reason** ['ri:zn]	1. *s* Grund; Ursache, Anlaß; Vernunft, Verstand; 2. *v* überlegen; vernünftig reden/urteilen; argumentieren
	For what reason?	*Aus welchem Grund?*
2	**reasonable** ['ri:znebl]	vernünftig; *(Preis)* mäßig
	receipt [ri'si:t]	Quittung
1	**receive** [ri'si:v]	erhalten, empfangen
2	**recent** ['ri:snt]	vor kurzem geschehen; jüngste(r, s)
	in recent years	*in den letzten Jahren*
2	**recently** ['ri:sntli]	vor kurzem, neulich, unlängst
	reception [ri'sepʃən]	Aufnahme, Empfang
2	**recognize** ['rekəgnaiz]	(wieder)erkennen; anerkennen
2	**recommend** [ˌrekə'mend]	empfehlen
2	**record** [ri'kɔ:d]	aufzeichnen; *(auf Tonband)* aufnehmen; festhalten; dokumentieren
2	**record** ['rekɔ:d]	Aufzeichnung; (schriftlicher) Berichte; Urkunde; (Ton)Aufnahme, (Schall-)Platte; Bestleistung, Rekord
	record-player ['rekɔ:dˌpleiə]	Plattenspieler
2	**recover** [ri'kʌvə]	wiedererlangen; sich erholen
1	**red** [red]	rot
	reduce [ri'dju:s]	herabsetzen, vermindern
2	**refer to** [ri'fə:]	*jdm* vorlegen; zuschreiben; verweisen an/auf; sich beziehen auf; sich wenden an

[2] **reference** ['refrəns]	Bezug(nahme); Verweisung; Empfehlung, Referenz
with/in reference to	*unter Bezugnahme auf*
refill ['ri:'fil]	wieder anfüllen, nachfüllen
refreshment [ri'freʃmənt]	Erfrischung
[2] **refusal** [ri'fju:zəl]	Ablehnung; Weigerung
[2] **refuse** [ri'fju:z]	ablehnen; verweigern; sich weigern
[2] **regard** [ri'gɑ:d]	1. *v* betrachten, ansehen; berücksichtigen; 2. *s* Rücksicht; Beachtung
give my regards to Mr ...	*grüßen Sie Herrn ... (von mir)*
with kind regards	*mit freundlichen/herzlichen Grüßen*
in/with regard to	*mit Bezug auf*
register ['redʒistə]	registrieren; *(Brief)* einschreiben (lassen); *(Gepäck)* aufgeben
[2] **regret** [ri'gret]	bedauern
I regret to inform you	*ich bedaure, Ihnen mitteilen zu müssen*
[2] **regular** ['regjulə]	regelmäßig; normal; regelrecht
[2] **related (to)** [ri'leitid]	verwandt (mit)
[2] **relation** [ri'leiʃən]	Verhältnis; Beziehung; Verwandtschaft; Zusammenhang
[2] **relative** ['relətiv]	1. *adj* relativ; 2. *s* Verwandte(r)
[2] **relief** [ri'li:f]	Erleichterung; (Ab-)Hilfe
[2] **relieve** [ri'li:v]	erleichtern, befreien; lindern; *(Wache)* ablösen
[2] **religion** [ri'lidʒən]	Religion
[2] **religious** [ri'lidʒəs]	religiös; geistlich
[1] **remain** [ri'mein]	bleiben; übrig bleiben
[2] **remark** [ri'mɑ:k]	1. *v* bemerken; 2. *s* Bemerkung
[2] **remarkable** [ri'mɑ:kebl]	bemerkenswert
[1] **remember** [ri'membə]	sich erinnern (an)
Remember me to your wife!	*Grüßen Sie Ihre Frau von mir!*
[2] **remind (of)** [ri'maind]	erinnern (an)
remote [ri'məut]	entfernt, entlegen
remote control	*Fernsteuerung, -lenkung*
[2] **remove** [ri'mu:v]	wegschaffen; beseitigen, entfernen
[2] **rent** [rent]	1. *s* Miete; 2. *v* mieten; vermieten
[2] **repair** [ri'pεə]	ausbessern, reparieren
repairs *pl* [ri'pεəz]	Reparatur, Instandsetzungsarbeiten
[1] **repeat** [ri'pi:t]	wiederholen
replace [ri'pleis]	ersetzen
[1] **reply** [ri'plai]	1. *v* antworten, erwidern; 2. *s* Antwort

[1] **report** [ri'pɔ:t]	1. *v* berichten; melden; sich melden; 2. *s* Bericht; (Schul-)Zeugnis
[2] **reporter** [ri'pɔ:tə]	Reporter, Berichterstatter
[2] **represent** [ˌrepri'zent]	darstellen; vertreten
[2] **representative** [ˌrepri'zentətiv]	1. *s* Vertreter(in); Abgeordnete(r); 2. *adj* repräsentativ
[2] **require** [ri'kwaiə]	verlangen, fordern; bedürfen
[2] **requirement** [ri'kwaiəmənt]	Anforderung; Erfordernis, Bedürfnis
reserve [ri'sə:v]	reservieren, zurückhalten
resign [ri'sain]	verzichten auf; zurücktreten; *(Stelle)* aufgeben
He resigned from his club.	*Er ist aus seinem Klub ausgetreten.*
resignation [ˌrezig'neiʃən]	Verzicht; Rücktritt; Resignation
[2] **resist** [ri'zist]	widerstehen
[2] **resistance (to)** [ri'zistəns]	Widerstand (gegen)
[2] **respect** [ris'pekt]	1. *s* Achtung; Hinsicht; 2. *v* achten
in this/every respect	*in dieser/jeder Hinsicht*
with respect to	*hinsichtlich; bezüglich*
in many respects	*in vielerlei Hinsicht*
with all due respect to …	*bei aller Achtung vor …*
[2] **respectable** [ris'pektəbl]	achtbar; anständig; ansehnlich
[2] **respectful** [ris'pektful]	ehrerbietig, respektvoll
responsible (for) [ris'pɔnsəbl]	verantwortlich (für)
[1] **rest** [rest]	Ruhe; Rast, Pause; Rest
have/take a rest	*sich ausruhen*
restaurant ['rest(ə)rɔ̃ŋ]	Restaurant
[2] **result** [ri'zʌlt]	1. *s* Ergebnis; 2. *v* sich ergeben
without (any) result	*ergebnislos*
result in	*enden/resultieren in*
[2] **retire** [ri'taiə]	sich zurückziehen; in den Ruhestand treten
[1] **return** [ri'tə:n]	1. *v* zurückkehren; zurückgeben, -schicken, -zahlen; 2. *s* Rückkehr
on my return	*bei meiner Rückkehr*
Many happy returns of the day!	*Herzlichen Glückwunsch zum Geburtstag!*
[2] **reward** [ri'wɔ:d]	1. *s* Belohnung; 2. *v* belohnen; vergelten
as a reward for	*zum Dank für*
[1] **rich (in)** [ritʃ]	reich (an); *(Boden)* fett
riches ['ritʃiz]	Reichtum; Reichtümer
[1] **ride** [raid] **(rode, ridden)**	1. *v* reiten; fahren; 2. *s* Ritt; Fahrt
ride a bicycle	*Fahrrad fahren*

[1] **right** [rait]	1. *adj* rechte(r,s); richtig; 2. *adv* ganz; sehr; 3. *s* Recht
on/to the right	*rechts*
Keep (to the) right!	*Rechts halten!*
You're quite right.	*Sie haben ganz recht.*
right now	*jetzt (aber); gleich*
[1] **ring** [riŋ]	Ring; Kreis
[1] **ring** [riŋ] **(rang, rung)**	1. *v* klingen; klingeln; läuten; 2. *s* Klingen; Klingeln; Läuten
ring the bell	*klingeln*
give s.o. a ring, ring s.o. up	*jdn anrufen*
ring off	*(den Hörer) auflegen*
[2] **ripe** [raip]	reif
[1] **rise** [raiz] **(rose, risen)**	1. *v* aufstehen; sich erheben; (an-, auf)steigen; 2. *s* (Gehalts-)-Erhöhung
[2] **risk** [risk]	1. *s* Risiko; Gefahr; 2. *v* wagen, riskieren
take/run the risk of	*die Gefahr auf sich nehmen/Gefahr laufen zu*
at one's own risk	*auf eigene Gefahr*
[2] **risky** ['riski]	riskant
[1] **river** ['rivə]	Fluß
[1] **road** [rəud]	Straße
[2] **rob** [rɔb]	(be)rauben
rob s.o. of s.th.	*jdn um etw berauben*
[2] **robber** ['rɔbə]	Räuber
[2] **robbery** ['rɔbəri]	Raub(überfall)
[1] **rock** [rɔk]	Fels(en)
[1] **roll** [rəul]	1. *v* rollen; drehen; walzen; 2. *s* Rolle; Brötchen
[1] **roof** [ru:f]	Dach
[1] **room** [ru:m]	Zimmer; Raum
make room for	*Platz machen für*
let rooms	*Zimmer vermieten*
rent a room	*sich ein Zimmer mieten*
[1] **root** [ru:t]	1. *s* Wurzel; 2. *v* wurzeln
[2] **rope** [rəup]	Seil, Tau
[2] **rose** [rəuz]	Rose
[2] **rough** [rʌf]	rauh; grob; roh
[2] **roughly** ['rʌfli]	annähernd
[1] **round** [raund]	1. *adj* rund; 2. *prp* um (... herum); 3. *adv* herum; 4. *s* Runde
all the year round	*das ganze Jahr hindurch*

[2] **row** [rəu]	1. *s* Reihe; 2. *v* rudern
in a row	*hintereinander*
row [rau]	Streit, Krach
[1] **rub** [rʌb]	reiben
rub out	*ausradieren*
[2] **rubber** ['rʌbə]	Gummi; Radiergummi
rude [ru:d]	grob, unhöflich
[2] **ruin** ['ruin]	1. *s* Ruin; Verderben; Ruine; 2. *v* zugrunde richten, ruinieren
[2] **rule** [ru:l]	1. *s* Regel; Herrschaft; 2. *v* herrschen (über); regieren
as a rule	*in der Regel, gewöhnlich*
[2] **ruler** ['ru:lə]	Herrscher; Lineal
[1] **run** [rʌn] (ran, run)	rennen, laufen
The buses run every five minutes.	*Die Busse fahren alle fünf Minuten.*
run a business	*ein Geschäft betreiben; e-m Geschäft vorstehen*
run a machine	*e-e Maschine bedienen*
run into s.o.	*jdm begegnen*
run for	*kandidieren für*
He ran for his life.	*Er lief um sein Leben.*
We ran out of money/supplies.	*Das Geld/die Vorräte ging(en) uns aus.*
He was run over by a car.	*Er wurde von einem Auto überfahren.*
in the long run	*auf die Dauer*
[2] **rush** [rʌʃ]	1. *v* rasen; (sich) stürzen; drängen; 2. *s* Hast, Eile; Ansturm
rush s.o. to the hospital	*jdn schnell ins Krankenhaus schaffen*
rush s.th.	*etw voran treiben*
be in a rush	*in Eile sein*
rush hour(s) ['rʌʃ-auə(z)]	Hauptverkehrszeit

S

[2] **sack** [sæk]	1. *s* Sack; Laufpaß; 2. *v* den Laufpaß geben
[1] **sad** [sæd]	traurig
[1] **safe** [seif]	1. *adj* sicher; 2. *s* Geldschrank
it's safe to say	*man kann mit Sicherheit sagen*
safe and sound	*gesund und munter*
[1] **safety** ['seifti]	Sicherheit
[1] **sail** [seil]	1. *s* Segel; 2. *v* segeln; abfahren; *(Schiff)* auslaufen; fahren
[2] **sailor** ['seilə]	Seemann; Matrose
[2] **salary** ['sæləri]	Gehalt, Besoldung
[2] **sale** [seil]	Verkauf
for sale	*zu verkaufen*
[2] **salesman** ['seilzmən]	Verkäufer
[1] **salt** [sɔlt]	Salz
[1] **same** [seim]	der-, die-, dasselbe
all the same	*ganz gleich; trotzdem, dennoch*
It's all the same to me.	*Das/es ist mir egal.*
Thank you, the same to you.	*Danke, gleichfalls.*
[1] **sand** [sænd]	Sand
sands [sændz] *pl*	Strand
sandwich ['sænwidʒ]	Sandwich
[2] **satisfaction** [ˌsætis'fækʃən]	Befriedigung; Zufriedenheit; Genugtuung
satisfactory [ˌsætis'fæktəri]	befriedigend
[2] **satisfy** ['sætisfai]	befriedigen, zufriedenstellen
I'm very satisfied with	*ich bin sehr zufrieden mit*
[1] **Saturday** ['sætədi]	Samstag, Sonnabend
[2] **sausage** ['sɔsidʒ]	Wurst
[1] **save** [seiv]	retten; aufbewahren; sparen
savings *pl* ['seiviŋz]	Ersparnisse
[2] **saw** [sɔ:] (sawed, sawed/sawn)	1. *v* sägen; 2. *s* Säge
[1] **say** [sei] (said, said)	sagen
I say!	*Hören Sie mal! Ach was!*
You don't say!	*Was Sie nicht sagen!*
He is said to be ill.	*Er soll krank sein.*
scandal ['skændl]	Skandal
[2] **scarce** [skɛəs]	knapp, selten
[2] **scarcely** ['skɛəsli]	kaum, schwerlich
[2] **scene** [si:n]	Szene; Schauplatz; Bild
[1] **school** [sku:l]	Schule; Unterricht
at school	*in der Schule*

attend a school	*e-e Schule besuchen*
comprehensive school	*Gesamt-, Einheitsschule*
grammar school	*Gymnasium*
2 **science** ['saiəns]	(Natur-)Wissenschaft(en)
scientific [ˌsaiən'tifik]	wissenschaftlich
scientist ['saiəntist]	Wissenschaftler
2 **scissors** *pl* ['sizəz]	Schere
score [skɔ:]	1. *s* Punktzahl, Ergebnis; 2. *v* markieren; zählen; *(Punkte)* erzielen
What's the score?	*Wie steht das Spiel?*
score a goal	*ein Tor schießen*
scratch [skrætʃ]	1. *v* (zer)kratzen; ritzen; sich kratzen; 2. *s* Kratzer, Schramme
He scratched out my name.	*Er strich meinen Namen aus.*
screen [skri:n]	(Wand-)Schirm; Leinwand
2 **screw** [skru:]	1. *s* Schraube; 2. *v* schrauben
screw (off)	*(ab)schrauben*
1 **sea** [si:]	Meer, (die) See
at sea	*zur/auf See; ratlos*
go to sea	*zur See gehen*
sea level ['si:'levəl]	Meeresspiegel
seaman ['si:mən]	Matrose, Seemann
2 **search (for)** [sə:tʃ]	1. *v* suchen; forschen (nach); durchsuchen; 2. *s* Nachforschung; Suche
in search of	*auf der Suche nach*
seasick ['si:-sik]	seekrank
2 **seaside** ['si:-said]	Meeresküste
seaside resort	*Seebad*
at the seaside	*am Meer*
1 **season** ['si:zn]	Jahreszeit; Saison; Spielzeit
1 **seat** [si:t]	1. *s* Sitz(platz), Platz; 2. *v* Platz nehmen
Be seated!	*Nehmen Sie Platz!*
Please take a seat!	*Bitte nehmen Sie Platz!*
All seats were taken.	*Alle Plätze waren besetzt.*
1 **second** ['sekənd]	1. *adj* zweite(r, s); 2. *s* Sekunde
second-hand ['sekənd'hænd]	aus zweiter Hand; gebraucht
2 **secret** ['si:krit]	1. *adj*. geheim, verborgen; 2. *s* Geheimnis
in secret	*insgeheim*
keep a secret	*ein Geheimnis bewahren*
make no secret of	*kein(en) Hehl machen aus*
2 **secretary** ['sekrətri]	Sekretär(in)

[1] **see** [si:] **(saw, seen)**	sehen
go to see s.o.	*jdn besuchen*
see s.o. out/off/home	*jdn hinaus-/fort-/nach Hause begleiten*
I'd like to see Mr Smith.	*Ich möchte Herrn Smith sprechen.*
I see!	*Ich verstehe! Aha! Ach so!*
See you later!	*Bis später!*
[2] **seed** [si:d]	Same(n); Saat
[2] **seek** [si:k] **(sought, sought)**	suchen
[2] **seem** [si:m]	scheinen
That seems funny to me.	*Das kommt mir komisch vor.*
[2] **seize** [si:z]	beschlagnahmen; ergreifen; packen
seldom ['seldəm]	selten
[1] **self,** *pl* **selves** [self, selvz]	selbst
Did you cut yourself?	*Haben Sie sich geschnitten?*
selfish ['selfiʃ]	selbstsüchtig; egoistisch
[1] **sell** [sel] **(sold, sold)**	verkaufen
The book sells well.	*Das Buch geht gut.*
The tickets are sold out.	*Die Karten sind ausverkauft.*
[1] **send** [send] **(sent, sent)**	senden, schicken
send for	*holen lassen*
send off a letter	*e-n Brief abschicken*
[2] **sense** [sens]	1. *s* Sinn; Gefühl; 2. *v* empfinden; spüren, fühlen
in a sense	*in gewisser Hinsicht*
[1] **sentence** ['sentəns]	1. *s* Satz, Urteil; 2. *v* verurteilen
[1] **separate** ['sepəreit]	(sich) trennen, absondern
[1] **separate** ['seprit]	getrennt
[1] **September** [sep'tembə]	September
[2] **serious** ['siəriəs]	ernst(haft); ernstlich
[1] **servant** ['sə:vənt]	Diener; Dienstmädchen
[1] **serve** [sə:v]	(be)dienen; servieren
That serves him right.	*Das geschieht ihm recht.*
[1] **service** ['sə:vis]	Bedienung; Dienst(leistung); Gottesdienst
service module ['sə:vis 'mɔdjul]	Geräteteil *(eines Raumschiffes)*
[1] **set** [set] **(set, set)**	1. *v* (fest)setzen; stellen; legen; 2. *s* Satz, Garnitur
set s.o. free/at liberty	*jdn freilassen*
set to work	*sich an die Arbeit machen*
The sun is setting.	*Die Sonne geht (gerade) unter.*
set out	*aufbrechen, sich auf den Weg machen*
set up	*aufstellen; gründen; errichten*

[2] **settle** ['setl]	sich niederlassen; (an-, be-)siedeln; ordnen, regeln; schlichten
settle the bill	*die Rechnung begleichen*
settle a quarrel	*e-n Streit beilegen*
settled ['setld]	abgemacht; erledigt; *(Rechnung)* beglichen
settler ['setlə]	(An-)Siedler
[1] **several** ['sevrəl]	mehrere; verschiedene
several times	*ein paarmal, mehrmals*
[2] **severe** [si'viə]	streng; hart; *(Schmerzen)* heftig
[2] **sew** [səu] (sewed, sewed/sewn)	nähen
sew on a button	*einen Knopf annähen*
sex [seks]	Geschlecht
[1] **shade** [ʃeid]	schattige Stelle, Schatten
[2] **shadow** ['ʃædəu]	Schatten
[1] **shake** [ʃeik]- (shook, shaken)	schütteln; erschüttern; zittern
shake one's head	*den Kopf schütteln*
shake off	*abschütteln*
shake hands with s.o.	*jdm die Hand geben/schütteln*
He was shaking with cold.	*Er zitterte vor Kälte.*
[1] **shall** [ʃæl]	werde; soll
should	*sollte; würde*
We should like to see it.	*Wir möchten es gerne sehen.*
I should say so!	*Das will ich meinen!*
[2] **shame** [ʃeim]	Scham(gefühl); Schande
What a shame!	*Wie schade!*
shampoo [ʃæm'pu:]	1. *v (Kopf, Haare)* waschen; 2. *s* Kopf-, Haarwäsche
[2] **shape** [ʃeip]	1. *s* Gestalt; Form; 2. *v* gestalten
He's in bad shape.	*Er ist in schlechter Verfassung.*
take shape	*Gestalt annehmen*
[2] **share** [ʃɛə]	1. *s* Anteil; 2. *v* teilen; teilhaben/-nehmen
share in	*teilhaben, teilnehmen an*
[1] **sharp** [ʃɑ:p]	scharf
at ten o'clock sharp	*Punkt 10 Uhr*
sharpen ['ʃɑ:pən]	schärfen; *(Stift)* anspitzen
shave [ʃeiv]	1. *v* (sich) rasieren; 2. *s* Rasur
shaver ['ʃeivə]	Rasierer, Rasierapparat
[1] **sheep** [ʃi:p]	Schaf(e)
[2] **sheet** [ʃi:t]	(Bett-)Laken; (dünnes) Blatt

shelf, *pl* **shelves** [ʃelf, ʃelvz]	Wandbrett, Regal
[2] **shell** [ʃel]	Schale; Muschel; Granate
[2] **shelter** ['ʃeltə]	Schutz; Obdach
take shelter from	*Schutz suchen vor*
[1] **shine** [ʃain] **(shone, shone)**	scheinen; glänzen
[1] **ship** [ʃip]	Schiff
[1] **shirt** [ʃə:t]	(Herren-, Ober-)Hemd
[2] **shock** [ʃɔk]	1. *s* Stoß, Schlag; Erschütterung; 2. *v* erschüttern
be shocked	*empört sein/etw entsetzlich finden*
Shocking!	*Unerhört!*
[1] **shoe** [ʃu:]	Schuh
[1] **shoot** [ʃu:t] **(shot, shot)**	schießen; jagen; *(Film)* drehen; filmen
Flames were shooting up.	*Flammen schlugen heraus.*
shoot past	*vorbeisausen*
shoot dead	*erschießen*
go shooting	*auf die Jagd gehen*
[1] **shop** [ʃɔp]	1. *s* Laden, Geschäft; 2. *v* einkaufen
go shopping	*einkaufen gehen*
shoplifting ['ʃɔpˌliftiŋ]	Ladendiebstahl
[1] **shore** [ʃɔ:]	Ufer, Küste
[1] **short** [ʃɔ:t]	kurz; *(Körperlänge)* klein
I'm short of cash.	*Ich bin knapp bei Kasse.*
We ran short of tea.	*Der Tee wurde knapp.*
cut short	*abbrechen*
make it short	*sich kurz fassen*
shortage ['ʃɔ:tidʒ]	Mangel, Knappheit
shorten ['ʃɔ:tn]	kürzer machen
shorthand ['ʃɔ:thænd]	Kurzschrift, Stenographie
shortly ['ʃɔ:tli]	in Kürze, in kurzem
shorts *pl* [ʃɔ:ts]	Kniehose, Shorts
[2] **shot** [ʃɔt]	Schuß
[1] **shoulder** ['ʃəuldə]	Schulter
[1] **shout** [ʃaut]	1. *s* Schrei, Ruf; 2. *v* laut rufen, schreien
Don't shout at me!	*Schreien Sie mich doch nicht so an!*
[1] **show** [ʃəu] **(showed, shown)**	1. *v* zeigen; ausstellen; 2. *s* Schau; Vorstellung
show s.o. in/into/over s.th.	*jdn in/durch etw führen (um es zu zeigen)*
He showed me (a)round the town.	*Er zeigte mir die Stadt.*
show off	*angeben, prahlen*

shower ['ʃauə]	(Regen-, Schnee-, Hagel-)Schauer; (Sprüh-)Regen; Dusche
[1] **shut** [ʃʌt] **(shut, shut)**	zumachen; (ver)schließen
Shut up!	*Halt den Mund!*
shy [ʃai]	schüchtern, scheu
[1] **sick (of/with)** [sik]	krank (an/vor)
fall/be taken sick	*krank werden*
I feel sick	*mir ist übel/schlecht*
be sick	*sich erbrechen/übergeben; sich krank fühlen*
I'm sick of it.	*Ich habe es satt.*
[1] **side** [said]	Seite
side by side	*nebeneinander*
by the side of	*an der Seite von*
[2] **sigh** [sai]	seufzen
[2] **sight** [sait]	Sehkraft; Anblick; Sicht
at first sight	*auf den ersten Blick*
(with-) in/out of sight	*in/außer Sicht*
know s.o. by sight	*jdn nur vom Sehen kennen*
catch sight of	*erblicken*
lose sight of	*aus den Augen verlieren*
the sights of a town	*die Sehenswürdigkeiten e-r Stadt*
sightseeing tour	*Stadtrundfahrt*
[1] **sign** [sain]	1. *s* Zeichen; 2. *v* unterzeichnen, -schreiben
signal ['signəl]	1. *s* Signal; 2. *v* signalisieren
signature ['signitʃə]	Unterschrift
significant [sig'nifikənt]	bezeichnend; bedeutungsvoll
[2] **silence** ['sailəns]	Schweigen; Stille
[2] **silent** ['sailənt]	still
[1] **silk** [silk]	Seide
silly ['sili]	albern; blöd(e)
[1] **silver** ['silvə]	1. *s* Silber; 2. *adj* silbern, Silber-
similar ['similə]	ähnlich; gleich(artig)
[1] **simple** ['simpl]	einfach
[1] **since** [sins]	seit; seitdem; da (ja); weil
Since when?	*Seit wann?*
since then	*seitdem*
[2] **sincere** [sin'siə]	aufrichtig
Yours sincerely	*Ihr (ergebener)*
[1] **sing** [siŋ] **(sang, sung)**	singen
[1] **singer** ['siŋə]	Sänger(in)
[1] **single** ['siŋgl]	einzeln; einzig; unverheiratet, ledig
a single room	*ein Einzelzimmer*

not a single person	*kein (einziger) Mensch*
two singles to Glasgow	*zweimal einfach nach Glasgow*
singular ['siŋgjulə]	Einzahl
[1] **sink** [siŋk] **(sank, sunk)**	(ver)sinken; untergehen; versenken
[1] **sir** [sə:]	Herr; mein Herr
yes, sir/madam	*jawohl, mein Herr/meine Dame*
Sir Robert X	*(Adelstitel) Sir Robert X*
[1] **sister** ['sistə]	Schwester
[1] **sit** [sit] **(sat, sat)**	sitzen
sit down	*sich (hin)setzen*
sit in (on)	*teilnehmen (an)*
[2] **sitting-room** ['sitiŋrum]	Wohnzimmer
[2] **situation** [ˌsitju'eiʃən]	Lage
[2] **situated** ['sitjueitid]	gelegen; liegend
[1] **size** [saiz]	Größe; Nummer
[2] **skill** [skil]	Geschicklichkeit; Fertigkeit
skilful ['skilful]	geschickt; geübt
[1] **skin** [skin]	Haut; Fell
[1] **skirt** [skə:t]	Rock
[1] **sky** [skai]	Himmel
in the sky	*am Himmel*
slang [slæŋ]	Slang, Jargon
slave [sleiv]	Sklave, Sklavin
[1] **sleep** [sli:p] **(slept, slept)**	1. *s* Schlaf; 2. *v* schlafen
go to sleep	*einschlafen*
He couldn't get to sleep.	*Er konnte nicht einschlafen.*
[1] **sleepy** ['sli:pi]	schläfrig; müde
[2] **slide** [slaid] **(slid, slid)**	1. *v* gleiten; rutschen; 2. *s* Dia(positiv)
[2] **slight** [slait]	schlank; zart; dünn; leicht; gering(fügig); schwach
a slight hope	*e-e schwache Hoffnung*
without the slightest difficulty	*ohne die geringste Schwierigkeit*
[2] **slightly** ['slaitli]	ein bißchen, ein wenig
[1] **slip** [slip]	1. *v* schlüpfen; ausgleiten, -rutschen; 2. *s* Zettel
The name has slipped my mind.	*Der Name ist mir entfallen.*
[1] **slippery** ['slipəri]	glatt; schlüpfrig
[2] **slope** [sləup]	(Ab-)Hang
[1] **slow** [sləu]	langsam
My watch is 5 minutes slow.	*Meine Uhr geht 5 Minuten nach.*
slow down	*langsamer fahren/gehen/sprechen*

[1] **small** [smɔ:l]	klein
small change	*Kleingeld*
[1] **smell** (of) [smel] (smelt, smelt)	1. *v* riechen; riechen an; riechen nach; 2. *s* Geruch
[1] **smile** [smail]	1. *v* lächeln; 2. *s* Lächeln
Keep smiling!	*Kopf hoch!*
[1] **smoke** [sməuk]	1. *v* rauchen; 2. *s* Rauch
[1] **smoker** ['sməukə]	Raucher; Raucherabteil
[2] **smooth** [smu:θ]	1. *adj* glatt; 2. *v* glätten
snack [snæk]	Imbiß, Snack
[2] **snake** [sneik]	Schlange
[1] **snow** [snəu]	1. *s* Schnee; 2. *v* schneien
snowy ['snəui]	schneebedeckt
[1] **so** [səu]	so; deshalb
So far it hasn't been cold.	*Bisher war es noch nicht kalt.*
He must be forty or so.	*Er ist ungefähr 40.*
I hope so.	*Ich hoffe es.*
so as to	*um ... zu*
[1] **soap** [səup]	Seife
[2] **social** ['səuʃəl]	sozial; gesellschaftlich
sociable ['səuʃəbl]	gesellig; gesellschaftsfähig
[2] **society** [sə'saiəti]	Gesellschaft
[2] **sock** [sɔk]	Socke
[1] **soft** [sɔft]	weich; sanft
[2] **soil** [sɔil]	(Erd-)Boden; Erde
[1] **soldier** ['səuldʒə]	Soldat
[2] **solid** ['sɔlid]	fest; stabil; massiv
solution [sə'lu:ʃən]	Lösung
solve [sɔlv]	*(ein Problem)* lösen
[1] **some** [sʌm, səm]	irgendein, -etwas; einige
some day	*eines Tages*
some place	*irgendwo*
for some time	*für einige Zeit*
Some girls like to cook.	*Manche Mädchen kochen gern.*
somebody/someone	*(irgend)einer; jemand*
somehow	*irgendwie*
something	*(irgend)etwas*
sometimes	*manchmal*
somewhat	*etwas, ein wenig*
somewhere	*irgendwo, -hin*
[1] **son** [sʌn]	Sohn
[1] **song** [sɔŋ]	Lied; Gesang
[1] **soon** [su:n] (sooner, soonest)	bald
as soon as	*sobald, sowie*

sooner or later	*früher oder später*
the sooner the better	*je früher, desto besser*
sore [sɔ:]	wund; weh
[2] **sorrow** ['sɔrəu]	Kummer; Leid
[1] **sorry** ['sɔri]	betrübt, traurig
I'm sorry to	*es tut mir leid, daß ich ... muß; leider muß ich ...*
I'm sorry for what I've done.	*Ich bereue, was ich getan habe.*
I'm/I feel sorry for you.	*Sie tun mir leid.*
(I'm) sorry!	*Es tut mir leid. Verzeihung!*
I'm so sorry!	*Es tut mir wirklich leid!*
[1] **sort** [sɔ:t]	Art; Sorte
all sorts of	*allerlei*
[1] **soul** [səul]	Seele
[1] **sound** [saund]	1. *s* Klang; Schall; Laut; Ton; 2. *v* klingen; erklingen; (er)tönen; schallen
[1] **soup** [su:p]	Suppe
[2] **sour** ['sauə]	sauer
[1] **south** [sauθ]	1. *s* Süden; 2. *adj* Süd-; südlich
southern ['sʌðən]	südlich; südländisch
[2] **sow** [səu] **(sowed, sown)**	säen
[1] **space** [speis]	Weltraum; Raum; Zwischenraum; Abstand
a space of three years	*ein Zeitraum von drei Jahren*
spaceship ['speisʃip]	Raumschiff
[2] **spare** [spɛə]	1. *v* (ver)schonen; zur Verfügung stehen/stellen; 2. *adj* übrig; zur Verfügung (stehend); Reserve-, Ersatz-, Not-
spare time ['spɛə 'taim]	Freizeit
[1] **speak** [spi:k] **(spoke, spoken)**	sprechen; reden
Smith speaking!	*(am Telefon) Hier Smith!*
speak out/up	*laut(er) sprechen; offen reden*
so to speak	*sozusagen*
[2] **special** ['speʃəl]	besondere(r,s); speziell; Sonder-
specialist ['speʃəlist]	Spezialist, Fachmann; Facharzt
[2] **speech** [spi:tʃ]	Sprache; Rede
make a speech (on)	*eine Rede halten (über)*
[2] **speechless** ['spi:tʃlis]	sprachlos
[2] **speed** [spi:d] **(sped, sped)**	1. *v* (zu) schnell fahren; 2. *s* Geschwindigkeit
speed limit ['spi:d ˌlimit]	Geschwindigkeitsbegrenzung

1 **spell** [spel] **(spelt, spelt)**	buchstabieren
How is it spelt?	*Wie wird es geschrieben?*
spelling	*Buchstabieren; Rechtschreibung*
1 **spend (on)** [spend] **(spent, spent)**	*(Geld)* ausgeben (für); *(Zeit)* verwenden (auf)/verbringen (mit)
1 **spirit** ['spirit]	Geist
in high/low spirits	*in gehobener/gedrückter Stimmung*
1 **in spite of** [in 'spaitəv]	trotz
2 **splendid** ['splendid]	großartig; prächtig
split [split] **(split, split)**	(sich) spalten; auf-, zerteilen; *(Naht)* platzen
be split on s.th.	*sich in etw uneins sein.*
Don't split hairs!	*Keine Haarspalterei!*
2 **spoil** [spɔil] **(*auch*: spoilt, spoilt)**	verderben; verwöhnen
1 **spoon** [spu:n]	Löffel
2 **sport** [spɔ:t]	Spaß, Spiel; Sport
Be a good sport!	*Sei kein Spielverderber!*
Don't be a spoilsport!	
1 **spot** [spɔt]	1. *s* Stelle; Fleck(en); 2. *v* erspähen
on the spot	*auf der Stelle, sogleich*
2 **spread** [spred] **(spread, spread)**	(sich) aus-/verbreiten
1 **spring** [spriŋ] **(sprang, sprung)**	1. *v* springen; 2. *s* Frühling; Quelle; (Sprung-)Feder
spring from	*herstammen von*
spy [spai]	Spion
1 **square** [skwεə]	1. *s* Quadrat; Viereck; (öffentlicher) Platz; 2. *adj* quadratisch; viereckig
get a square deal	*anständig behandelt werden*
staff manager ['stɑ:f 'mænidʒə]	Personalchef
2 **stage** [steidʒ]	Bühne; Stadium
at this stage	*in diesem Stadium*
stain [stein]	Fleck(en)
stained with	*befleckt, beschmutzt mit*
1 **stair** [stεə]	(Treppen-)Stufe
1 **stairs** [stεəz]	Treppe
1 **stamp** [stæmp]	1. *v* (zer)stampfen; prägen; stempeln; frankieren; 2. *s* Stempel; Briefmarke

1 **stand** [stænd] **(stood, stood)**	stehen; (aufrecht hin)stellen; ausstehen
He can't stand pain.	*Er kann keine Schmerzen aushalten.*
I can't stand him.	*Ich kann ihn nicht leiden.*
stand aside	*abseits stehen; beiseite treten*
stand by	*bereitstehen; dabeistehen; unterstützen*
stand (up) for	*eintreten für*
stand up	*aufstehen*
1 **star** [stɑ:]	Stern
stare (at) [stɛə]	(an)starren
1 **start** [stɑ:t]	1. *v* anfangen; beginnen; abfahren abreisen; 2. *s* Anfang; Start
start a motor	*e-n Motor anlassen*
They started for India.	*Sie sind nach Indien aufgebrochen.*
start out	*sich aufmachen, beginnen*
2 **state** [steit]	Zustand; Staat
2 **statement** ['steitmənt]	Darstellung; Behauptung
make a statement	*e-e Erklärung abgeben*
1 **station** ['steiʃən]	Bahnhof; Station
1 **stay** [stei]	1. *v* bleiben; (vorübergehend) wohnen; 2. *s* Aufenthalt
He stayed with me.	*Er wohnte bei mir.*
stay in/out	*zu Hause, in der Schule bleiben/von zu Hause wegbleiben*
2 **steady** ['stedi]	fest; stetig; gleichmäßig
2 **steal** [sti:l] **(stole, stolen)**	stehlen
steal in/out/away	*sich (hin)ein-/hinaus/wegstehlen, -schleichen*
1 **steam** [sti:m]	1. *s* Dampf; 2. *v* dampfen
1 **steel** [sti:l]	Stahl
steep [sti:p]	steil
stem [stem]	Stamm; Stengel; Stiel
1 **step** [step]	1. *v* treten; schreiten; 2. *s* Schritt; Stufe
step aside	*zur Seite treten*
step by step	*Schritt für Schritt*
keep step with	*Schritt halten mit*
take steps	*Schritte machen/unternehmen, Maßnahmen ergreifen*
1 **stick** [stik]	Stock; Stiel
1 **stick** [stik] **(stuck, stuck)**	stecken; (an-, auf)kleben; steckenbleiben

He stuck his hands in his pockets. — *Er steckte die Hände in die Taschen.*
We must stick together. — *Wir müssen zusammenhalten.*
Stick to the facts! — *Seien Sie sachlich!*
sticky ['stiki] klebrig
2 **stiff** [stif] steif, starr
1 **still** [stil] 1. *adj* ruhig, still; 2. *adv* (immer) noch; 3. *conj* dennoch, doch
1 **stocking** ['stɔkiŋ] Strumpf
2 **stomach** ['stʌmək] Magen; Bauch
1 **stone** [stəun] Stein; (Obst-)Kern
1 **stop** [stɔp] 1. *v* anhalten; aufhören; 2. *s* Aufenthalt; Haltestelle
put a stop to s.th. — *e-r Sache ein Ende machen*
2 **store** [stɔ:] 1. *s* Warenhaus; Laden; 2. *v* speichern
in store — *vorrätig; auf Lager*
1 **storm** [stɔ:m] 1. *s* Sturm; 2. *v* toben; stürmen
1 **story** ['stɔ:ri] Geschichte; Erzählung
to cut a long story short — *kurz gesagt, um es kurz zu machen*
that's another story — *das ist ein Kapitel für sich*
1 **straight** [streit] 1. *adj* gerade; direkt; 2. *adv* geradewegs
straight ahead — *geradeaus*
Keep straight on! — *Gehen Sie immer geradeaus!*
put s.th. straight — *etw in Ordnung bringen*
straight away/off — *unverzüglich, sofort*
2 **strange** [streindʒ] seltsam; fremd
2 **stranger** ['streindʒə] Fremde(r)
I'm a stranger here. — *Ich bin hier fremd.*
1 **straw** [strɔ:] Stroh, Strohhalm
2 **stream** [stri:m] 1. *s* Strom; Bach; 2. *v* strömen
1 **street** [stri:t] Straße
2 **strength** [streŋθ] Kraft, Kräfte; Stärke
2 **stretch** [stretʃ] (aus)strecken; spannen; sich (er)strecken
stretch out — *(sich) ausstrecken/-dehnen*
strict [strikt] streng; genau
strictly speaking — *strenggenommen*
1 **strike** [straik] (struck, struck) 1. *v* schlagen; stoßen; 2. *s* Schlag; Stoß; Streik
The car struck a wall. — *Das Auto prallte gegen e-e Mauer.*
He was struck by a car. — *Er wurde von e-m Wagen angefahren.*
it struck me that ... — *es fiel mir auf, daß ...*

go on strike	*in Streik treten, streiken*
[1] **striking** ['straikiŋ]	auffallend, eindrucksvoll
[2] **string** [striŋ]	Schnur, Bindfaden; Band; Saite
[2] **stroke** [strəuk]	1. *s* Schlag; Hieb; Stoß; Strich; 2. *v* streicheln
He was there on the stroke of 6.	*Er war Schlag 6 Uhr da.*
[1] **strong** [strɔŋ]	stark; kräftig
[2] **struggle** ['strʌgl]	1. *v* kämpfen; 2. *s* Kampf
[2] **student** ['stju:dənt]	Student(in); Studierende(r); Forscher
[2] **study** ['stʌdi]	1. *s* Studium; Studie; Studierzimmer; 2. *v* studieren
[2] **stuff** [stʌf]	1. *s* Zeug; Material; Stoff; 2. *v* (voll)stopfen
stupid ['stju:pid]	dumm
[2] **subject** ['sʌbdʒikt]	Untertan(in); Thema, Gegenstand; (Lehr-, Studien-)Fach; Satzgegenstand
subject [səb'dʒekt]	unterwerfen
[2] **succeed** [sək'si:d]	Erfolg haben; (nach)folgen
He succeeded in escaping.	*Es gelang ihm, zu entkommen.*
[2] **success** [sək'ses]	Erfolg
meet with success	*Erfolg haben*
[2] **successful** [sək'sesful]	erfolgreich
[1] **such** (a) [sʌtʃ]	solch (ein); derartig, so
such a thing/a long time	*so etwas/lange*
such as	*wie zum Beispiel*
[1] **sudden** ['sʌdn]	plötzlich
all of a sudden	*ganz plötzlich*
[2] **suffer** (from) ['sʌfə]	leiden (an); erleiden
[1] **sugar** ['ʃugə]	Zucker
[2] **suggest** [sə'dʒest]	vorschlagen; anregen; nahelegen; andeuten
[2] **suggestion** [sə'dʒestʃən]	Vorschlag; Anregung; Andeutung; Wink
[2] **suit** [sju:t]	1. *s* Anzug; Kostüm; 2. *v* passen zu
Does this hat suit me?	*Steht mir dieser Hut?*
Friday will suit me best.	*(Der) Freitag paßt mir am besten.*
be suited for/to	*sich eignen für*
[2] **suitable** ['sju:təbl]	passend; geeignet; angemessen
suitcase ['sju:tkeis]	Koffer

[2] **sum** [sʌm]	1. *s* Summe; Rechenaufgabe; Betrag; 2. *v* summieren, zusammenzählen
sum up	*(kurz) zusammenfassen*
[1] **summer** ['sʌmə]	Sommer
[1] **sun** [sʌn]	Sonne
sunbathing ['sʌnbeiðiŋ]	Sonnenbaden
sunbeam ['sʌnbi:m]	Sonnenstrahl
[1] **Sunday** ['sʌndi]	Sonntag
sunlight ['sʌnlait]	Sonnenlicht
[1] **sunny** ['sʌni]	sonnig
sunrise ['sʌnraiz]	Sonnenaufgang
sunset ['sʌnset]	Sonnenuntergang
[2] **sunshine** ['sʌnʃain]	Sonnenschein
[1] **supper** ['sʌpə]	Abendessen
[2] **supply** [sə'plai]	1. *v* (be)liefern; versorgen; 2. *s* Lieferung; Versorgung; Vorrat
supply and demand	*Angebot und Nachfrage*
[2] **support** [sə'pɔ:t]	1. *v* tragen; (unter)stützen; 2. *s* Unterstützung; Stütze
He has a large family to support.	*Er hat e-e große Familie zu ernähren.*
supporter [sə'pɔ:tə]	Anhänger
[1] **suppose** [sə'pəuz]	vermuten, annehmen
I suppose so.	*Ich nehme es an.*
let's suppose that	*gesetzt den Fall, daß*
supposing it rains	*angenommen, es regnet*
He's supposed to be back by 11.	*Er soll bis 11 wieder zurück sein.*
[1] **sure** [ʃuə]	sicher; gewiß
I'm sure he'll come.	*Sicherlich wird er kommen.*
You're sure to find it.	*Sie werden es sicher finden.*
make sure	*sich vergewissern; dafür sorgen (daß)*
sure enough	*gewiß, sicherlich, bestimmt; freilich*
[2] **surface** ['sə:fis]	Oberfläche
[1] **surprise** [sə'praiz]	1. *s* Überraschung; 2. *v* überraschen
to my surprise	*zu meiner Überraschung*
be surprised at	*sich wundern über*
[2] **surround** [sə'raund]	umgeben; einschließen
surroundings *pl* [sə'raundiŋz]	Umgebung
suspension bridge [səs'penʃən bridʒ]	Hängebrücke
[2] **swear** [swɛə] (swore, sworn)	schwören; fluchen

8—5187/1

2 **sweat** [swet]	1. *s* Schweiß; 2. *v* schwitzen
2 **sweep** [swi:p] **(swept, swept)**	fegen, kehren; dahinsausen
1 **sweet** [swi:t]	süß
sweets *pl* [swi:ts]	Süßigkeiten
1 **swim** [swim] **(swam, swum)**	schwimmen
go for a swim	*schwimmen gehen*
be in the swim	*auf der Höhe sein*
swimming-pool ['swimiŋpu:l]	Schwimmbad, Schwimmbecken
swindler ['swindlə]	Schwindler, Betrüger
2 **swing** [swiŋ] **(swung, swung)**	1. *v* schwingen; schwenken; 2. *s* Schwingen; Schwung; Schaukel
be in full swing	*in vollem Gange sein*
swinging ['swiŋiŋ]	schwungvoll
switch [switʃ]	1. *s* Weiche; Schalter; 2. *v* ab-, anschalten
switchboard ['switʃbɔ:d]	Schalttafel
2 **sword** [sɔ:d]	Schwert; Säbel
system ['sistim]	System
systematic(**al**) [ˌsisti'mætik(əl)]	systematisch

T

1 **table** ['teibl]	Tisch; Tabelle
set the table	*den Tisch decken*
be at table	*bei Tisch sitzen*
1 **tail** [teil]	Schwanz
2 **tailor** ['teilə]	Schneider
1 **take** [teik] **(took, taken)**	nehmen; (weg)bringen
Take these letters to the post.	*Bring diese Briefe auf die Post.*
I'll take her some flowers.	*Ich bringe ihr ein paar Blumen mit.*
It takes me 2 hours.	*Ich brauche 2 Stunden dazu.*
take revenge on s.o.	*sich rächen an jdm*
take along s.o.	*jdn mitnehmen*
take down	*aufschreiben; herunternehmen*
take for	*halten für*
take off	*ab-, wegnehmen;* (eines Flugzeugs) *starten*
take place	*stattfinden*
He took off his coat/hat.	*Er zog den Mantel aus/nahm den Hut ab.*
take up the defence	*die Verteidigung aufnehmen*

take on	*übernehmen, auf sich nehmen*
1 **talk** [tɔ:k]	1. *v* sprechen; reden; sich unterhalten; 2. *s* Gespräch; Unterhaltung
talk s.th. over	*etw durchsprechen*
1 **tall** [tɔ:l]	groß, hoch
tape [teip]	Band; Tonband
tape-recorder ['teip-riˌkɔ:də]	Tonbandgerät
2 **task** [tɑ:sk]	Aufgabe
set a task	*e-e Aufgabe stellen*
1 **taste** [teist]	1. *s* Geschmack; 2. *v* schmecken; kosten, probieren
2 **tax** [tæks]	1. *s* Steuer; 2. *v* besteuern
tax office	*Finanzamt*
tax inspector	*Steuerprüfer*
taxi ['tæksi]	Taxi
1 **tea** [ti:]	Tee
tea-break	Teepause
teapot	Teekanne
1 **teach** [ti:tʃ] (taught, taught)	lehren, unterrichten
1 **teacher** ['ti:tʃə]	Lehrer(in)
team [ti:m]	Gespann; Mannschaft
1 **tear** [tɛə] (tore, torn)	(zer)reißen
tear off	*abreißen*
tear to pieces/bits	*in Stücke reißen*
He tore a hole in his shirt.	*Er riß sich ein Loch ins Hemd.*
1 **tear** [tiə]	Träne
2 **telegram** ['teligræm]	Telegramm
2 **telegraph** ['teligrɑ:f]	Telegraph; Telegramm
2 **telephone** ['telifəun]	1. *s* Fernsprecher, Telefon; 2. *v* telefonieren; anrufen
by (tele)phone	*telefonisch*
telephone box [-ˌbɔks]	Fernsprechzelle
telephone directory [- di'rektəri]	Telefonbuch
television ['teliˌviʒən]	Fernsehen
watch television	*fernsehen*
television set [- 'set]	Fernsehgerät
1 **tell** [tel] (told, told)	erzählen; sagen
just tell me	*sag doch mal*
I told you so.	*Ich habe es Ihnen gesagt.*
all told	*alles in allem*
2 **temper** ['tempə]	Temperament; Stimmung
in a good/bad temper	*in guter/schlechter Laune/Stimmung*

control one's temper	*sich beherrschen*
lose one's temper	*wütend werden*
temperature ['tempritʃə]	Temperatur
He has a temperature.	*Er hat Fieber.*
[2] **tender** ['tendə]	zart; weich
tennis ['tenis]	Tennis
[2] **tent** [tent]	Zelt
set up a tent	ein Zelt aufbauen
[2] **term** [tə:m]	(Zeitraum) Semester, Trimester, Amtszeit (usw); (Fach-)Ausdruck; (pl) Bedingungen
be on good/bad terms with s.o.	*mit jdm auf gutem/schlechtem Fuße stehen*
come to terms	*sich einigen*
[1] **terrible** ['terəbl]	schrecklich, furchtbar
territory ['teritəri]	Territorium, Besitzung
test [test]	1. *s* Test; Prüfung; Probe; 2. *v* prüfen
text [tekst]	Text
textbook ['tekstbuk]	Lehrbuch
[1] **than** [ðæn, ðən]	als *(nach Komparativ)*
[1] **thank** *(s.o.)* [θæŋk]	danken (jdm); sich bedanken (bei jdm)
thank you very much; many thanks	*vielen Dank*
[1] **that,** *pl* **those** [ðæt, ðəuz]	diese(r, s) (da); jene(r,s); wer; der, die, das; daß
What's that?	*Was ist das?*
Is that you, Paul?	*Bist du es, Paul?*
that is	*das heißt*
How about that?	*Wie steht's damit?*
the letter that came today	*der Brief, der heute kam*
one of the greatest men that ever lived	*einer der größten Menschen, die je gelebt haben*
that far/much/high	*so weit/viel/hoch*
[1] **the** [ðə, ði(:)]	der, die, das
the quicker the better	*je schneller desto besser*
[2] **theatre** ['θiətə]	Theater
[1] **then** [ðen]	dann; damals
from then on(wards)	*von da an*
by/until/till then	*bis dahin*
the then president	*der damalige Präsident*
theoretic(al) [θiə'retik(əl)]	theoretisch
theory ['θiəri]	Theorie

[1] **there** [ðεə]	da, dort; dahin, dorthin
there is/are	*es gibt; es ist/sind*
there and back	*hin und zurück*
There you are!	*Sehen Sie! Da haben Sie's! (Da haben sie es,) bitte schön!*
over there	*da drüben*
[1] **therefore** ['ðεəfɔ:]	deshalb
[1] **thick** [θik]	dick; dicht
[2] **thief,** *pl* **thieves** [θi:f, θi:vz]	Dieb(in)
[1] **thin** [θin]	dünn
[1] **thing** [θiŋ]	Ding; Sache
How are things?	*Wie geht's, wie steht's?*
That only makes things worse.	*Das verschlimmert die Sache nur noch.*
for one thing	*einmal, vor allem*
[1] **think** [θiŋk] (thought, thought)	denken; meinen
I think you're wrong.	*Ich glaube, Sie haben nicht recht.*
We thought him quite clever.	*Wir hielten ihn für ziemlich gescheit.*
I'll think it over.	*Ich werde mir's überlegen.*
[1] **thirst** [θə:st]	Durst
[1] **thirsty** ['θə:sti]	durstig
[1] **this,** *pl* **these** [ðis, ði:z]	diese(r, s); dies; das
Do it like this!	*Mach es so!*
these days	*heutzutage*
this morning/evening	*heute morgen/abend*
this time	*diesmal*
[2] **thorough** ['θʌrə]	gründlich
[1] **though** [ðəu]	obwohl, obgleich; doch; zwar; immerhin
as though	*als ob*
even though	*wenn auch; selbst wenn*
[1] **thought** [θɔ:t]	Gedanke
[1] **thread** [θred]	Faden; Zwirn
[2] **threat** [θret]	Drohung
[2] **threaten** ['θretn]	(an-, be-)drohen
thrill [θril]	1. *s* Erregung, Sensation; 2. *v* erregen, packen; erschauern
give s.o. a thrill	*jdn in Erregung versetzen*
thriller ['θrilə]	Schauerroman; -drama; -film
thrilling ['θriliŋ]	aufregend, packend, fesselnd
[2] **throat** [θrəut]	Hals, Kehle
clear one's throat	*sich räuspern*
[1] **through** [θru:]	durch

a through train	*ein durchgehender Zug*
I'll put you through to him.	*Ich werde Sie mit ihm verbinden.*
[2] **throughout** [θru:'aut]	ganz durch; überall in
throughout the house	*im ganzen Hause*
throughout the year	*das ganze Jahr hindurch*
[1] **throw** [θrəu] (threw, thrown)	werfen
He threw an angry look at me.	*Er warf mir einen wütenden Blick zu.*
throw about	*(Papier) herumwerfen; (Geld) zum Fenster hinauswerfen*
throw s.th. open	*(Tür) aufstoßen; etw allgemein zugänglich machen; weit öffnen*
[2] **thunder** ['θʌndə]	1. *s* Donner; 2. *v* donnern
thunderstorm ['θʌndəstɔ:m]	Gewitter
[1] **Thursday** ['θə:zdi]	Donnerstag
[1] **thus** [ðʌs]	so; auf diese Weise
[1] **ticket** ['tikit]	(Eintritts-)Karte; Fahrkarte
buy a ticket	*e-e Karte lösen*
tide [taid]	Gezeit(en), Ebbe und Flut
tidy ['taidi]	1. *adj* ordentlich, sauber; 2. *v* saubermachen
tidy up a room	*ein Zimmer aufräumen*
[1] **tie** [tai]	1. *v* binden; 2. *s* (Ver-)Bindung; Krawatte
tie up a parcel	*ein Paket verschnüren*
[2] **tight** [tait]	fest; dicht; eng
[1] **till** [til]	bis
not ... till	*erst*
[1] **time** [taim]	Zeit; Mal
all the time	*die ganze Zeit (über)*
at that time	*damals; zu jener Zeit*
(at) this time tomorrow	*morgen um diese Zeit*
at times	*zeitweise; hin und wieder*
(at) any time	*jederzeit*
by that time	*bis dahin*
for the time being	*vorläufig; fürs erste*
in (good) time	*rechtzeitig; termingemäß*
in no time	*im Nu, im Handumdrehen*
on time	*pünktlich*
What's the time? What time is it?	*Wieviel Uhr/wie spät ist es?*
It's high time.	*Es ist höchste Zeit.*
have a good/nice time	*sich amüsieren, die Zeit gut verbringen*

Take your time!	*Lassen Sie sich Zeit!*
the first/second time	*das erste/zweite Mal*
one at a time	*einzeln; immer nur eine(r)*
time-table ['taim,teibl]	Fahrplan; Stundenplan
tin [tin]	(Konserven-)Büchse; Blech
2 **tip** [tip]	1. *s* Spitze; Trinkgeld; Tip; 2. *v* ein Trinkgeld geben
I have it on the tip of my tongue.	*Es liegt mir auf der Zunge.*
on tiptoe	*auf Zehenspitzen*
1 **tired** ['taiəd]	müde
The walk made me tired.	*Der Spaziergang hat mich ermüdet.*
I'm tired of boiled eggs.	*Gekochte Eier habe ich satt.*
2 **title** ['taitl]	Titel; Überschrift
1 **to** [tu(:), tə]	zu; um zu; (Zeit) vor; bis; (Ort) nach; bis zu; in
He was the first to come.	*Er war der erste, der kam.*
It's a quarter to six.	*Es ist (ein) Viertel vor sechs.*
Wales is to the west of England.	*Wales liegt westlich von England.*
He has never been to London.	*Er ist noch nie in London gewesen.*
Where will he go to?	*Wo wird er hingehen?*
He goes to London.	*Er geht nach London.*
it seems to me	*es scheint mir*
toast [təust]	Röstbrot; Trinkspruch
2 **tobacco** [tə'bækəu]	Tabak
1 **today** [tə'dei]	heute
1 **together** [tə'geðə]	zusammen
1 **tomorrow** [tə'mɔrəu]	morgen
tomorrow morning	*morgen früh*
ton [tʌn]	Tonne *(= 1016,05 kg)*
1 **tongue** [tʌŋ]	Zunge
Hold your tongue!	*Halt den Mund!*
1 **tonight** [tə'nait]	heute abend
1 **too** [tu:]	(all)zu; auch
too long	*zu lange*
2 **tool** [tu:l]	Werkzeug; Gerät
1 **tooth,** *pl* **teeth** [tu:θ, ti:θ]	Zahn
pull a tooth	*e-n Zahn ziehen*
I must have a tooth out.	*Ich muß mir einen Zahn ziehen lassen.*
toothache ['tu:θeik]	Zahnschmerz(en)
toothbrush ['tu:θbrʌʃ]	Zahnbürste
toothpaste ['tu:θpeist]	Zahnpasta

[1] **top** [tɔp]	1. *s* ober(st)es Ende, oberer Teil; Gipfel; Spitze; 2. *adj* höchste(r, s), oberste(r, s)
at the top	*oben*
line 5 from the top	*die fünfte Zeile von oben*
from top to bottom	*von oben bis unten*
on top (of that)	*darüber hinaus*
the top shelf	*das oberste Regal*
at top speed	*mit Höchstgeschwindigkeit*
[2] **total** [ˈtəutl]	1. *adj* ganz, total; gesamt; 2. *s* (Gesamt-)Summe
[1] **touch** [tʌtʃ]	1. *v* berühren; 2. *s* Berührung
get in touch with	*sich in Verbindung setzen mit*
keep in touch with	*in Verbindung bleiben mit*
touching	*rührend*
tour [tuə]	Tour; (Rund-)Reise
conducted tour	*Führung (in Museen usw)*
tourist [ˈtuərist]	Tourist
[1] **toward**(**s**) [təˈwɔːd(z)]	auf ... zu; nach ... hin; gegen
his feelings towards us	*seine Gefühle uns gegenüber*
towards evening	*gegen Abend*
[2] **towel** [ˈtauəl]	Handtuch
[1] **tower** [ˈtauə]	Turm
[1] **town** [taun]	Stadt
be in/out of town	*da/verreist sein*
[2] **toy** [tɔi]	Spielzeug
[2] **trace** [treis]	1. *v* nachspüren; durchpausen; 2. *s* Spur
track [træk]	(Wagen-)Spur; Gleis; Geleise
be on the track of s.o.	*jdm auf der Spur sein*
off the track	*auf falscher Fährte; auf dem Holzweg*
[1] **trade** [treid]	1. *s* Handel; Beruf; Gewerbe; Handwerk; 2. *v* handeln
learn a trade	*ein Handwerk lernen*
trade (in)	*handeln (mit)*
trade for	*eintauschen für*
[2] **traffic** [ˈtræfik]	Verkehr
traffic light [- ˌlait]	Verkehrsampel
traffic jam [-dʒæm]	Verkehrsstockung
[1] **train** [trein]	1. *s* Zug; 2. *v* ausbilden; dressieren
go by train	*mit der Bahn fahren*
[2] **tram** [træm]	Straßenbahn

transistor [træn'sistə] Transistor
[1] **translate** [trɑ:ns'leit] übersetzen
[1] **translation** [trɑ:ns'leiʃən] Übersetzung
transmission [trænz'miʃən] Übertragung
transmitter [trænz'mitə] Sendegerät
transport [træns'pɔ:t] befördern
transport ['trænspɔ:t] Transport
[1] **travel** ['trævl] reisen
[2] **traveller** ['trævlə] Reisende(r)
traveller's cheque ['trævləz 'tʃek] Reisescheck
trawler ['trɔ:lə] Fischdampfer
[2] **treasure** ['treʒə] Schatz
[2] **treat** [tri:t] behandeln; freihalten
He treated her to an ice. *Er spendierte ihr ein Eis.*
[2] **treatment** ['tri:tmənt] Behandlung
[1] **tree** [tri:] Baum
[2] **tremble** ['trembl] zittern
We trembled with fear. *Wir zitterten vor Angst.*
[2] **trial** ['traiəl] Versuch; Prüfung, Probe; Gerichtsverfahren; Prozeß
give a trial *ausprobieren*
on trial *auf Probe*
He is on trial for murder. *Es steht wegen Mordes vor Gericht.*
trick [trik] 1. *s* Trick; List, Kniff; Streich; 2. *v* hereinlegen
play a trick on s.o. *jdm e-n Streich spielen*
You have been tricked. *Man hat Sie hereingelegt.*
trip [trip] Reise
round trip *Rundreise*
tropical ['trɔpikəl] tropisch
[1] **trouble** ['trʌbl] 1. *v* belästigen; beunruhigen; bemühen; 2. *s* Sorge; Schwierigkeit(en); Mühe; Ärger
Don't trouble to write. *Sie brauchen nicht zu schreiben.*
What's the trouble? *Was ist los?*
take the trouble *sich die Mühe machen*
troublesome ['trʌblsəm] lästig; beschwerlich; unangenehm
[1] **trousers** *pl* ['trauzəz] (lange) Hose(n)
a pair of trousers *eine Hose*
[1] **true** [tru:] wahr; echt; treu
It is true. *Es stimmt.*

come true	*sich bewahrheiten, sich erfüllen, sich verwirklichen*
truly ['tru:li]	aufrichtig, wahrhaftig; wirklich, tatsächlich
Yours truly	*hochachtungsvoll*
[2] **truth** [tru:θ]	Wahrheit
to tell the truth	*ehrlich gesagt*
[2] **trunk** [trʌŋk]	(Baum-)Stamm; Rumpf; (großer) Koffer
[1] **trust** [trʌst]	1. *v* (ver)trauen; 2. *s* Vertrauen
I put my trust in him.	*Ich habe mein Vertrauen in ihn gesetzt.*
[1] **try** [trai]	versuchen; (aus)probieren
He will be tried for murder.	*Er wird wegen Mordes vor Gericht gestellt.*
try on	*anprobieren*
tube [tju:b]	Rohr; Röhre; Tube
[1] **Tuesday** ['tju:zdi]	Dienstag
tune [tju:n]	Melodie; Lied; Harmonie, Einklang
out of tune	*verstimmt*
[1] **turn** [tə:n]	1. *v* (sich) drehen; (um)wenden; sich in etw verwandeln; 2. *s* (Um-)Drehung; Wendung
His hair has turned grey.	*Er/sein Haar ist ergraut.*
turn (to the) left/right	*nach links/rechts abbiegen*
The car turned round the corner.	*Der Wagen bog um die Ecke.*
turn back/round	*umkehren/(sich) umdrehen*
turn down	*herunterschlagen, -klappen; ablehnen; jdm e-n Korb geben*
turn on/off	*an-; aufdrehen; einstellen/abstellen; ausschalten*
turn out	*nach außen kehren; (Tasche) umkehren*
	hervorbringen, produzieren; sich herausstellen
turn pale	*blaß werden, erblassen*
(Please) turn over!	*Bitte wenden!*
turn up	*auftauchen, erscheinen*
It's your turn now.	*Jetzt sind Sie an der Reihe.*
[2] **twice** [twais]	zweimal; doppelt
I'm twice your age.	*Ich bin doppelt so alt wie Sie.*

type [taip]	1. *s* Typ; Art; 2. *v* maschineschreiben, tippen
typewriter ['taipˌraitə]	Schreibmaschine
typical ['tipikəl]	typisch
typist ['taipist]	Schreibkraft; Stenotypistin

U

2 **ugly** ['ʌgli]	häßlich
2 **umbrella** [ʌm'brelə]	Regenschirm
1 **unable** ['ʌn'eibl]	unfähig; außerstande
1 **uncle** ['ʌŋkl]	Onkel
unconsciously [ʌn'kɔnʃəsli]	unbewußt
1 **under** ['ʌndə]	unter
underground ['ʌndəgraund]	U-Bahn; Untergrund
underneath ['ʌndə'ni:θ]	unter(halb); darunter
1 **understand** [ˌʌndə'stænd] (understood, understood)	verstehen; begreifen
make oneself understood	*sich verständlich machen*
it's understood	*es ist selbstverständlich*
2 **understanding** [ˌʌndə'stændiŋ]	Verständnis
undoubtedly [ʌn'dautidli]	zweifellos
2 **undress** ['ʌn'dres]	(sich) entkleiden
unemployed ['ʌnim'plɔid]	arbeitslos
unexpected ['ʌniks'pektid]	unerwartet
2 **unhappy** [ʌn'hæpi]	unglücklich
uniform ['ju:nifɔ:m]	1. *s* Uniform; 2. *adj* einheitlich
2 **union** ['ju:njən]	Vereinigung; Union; Zusammenschluß
2 **unite** [ju:'nait]	(sich) vereinigen
2 **university** [ˌju:ni'və:siti]	Universität
unjust ['ʌn'dʒʌst]	ungerecht
1 **unless** [ən'les]	wenn ... nicht
2 **unlucky** [ʌn'lʌki]	unglücklich
He was very unlucky.	*Er hatte großes Pech.*
unpleasant [ʌn'pleznt]	unangenehm
1 **until** [ən'til]	bis (auf/zu); nicht ehe; erst wenn
2 **unusual** [ʌn'ju:ʒuəl]	ungewöhnlich; außergewöhnlich
1 **up** [ʌp]	(hin)auf; aufwärts; oben; hoch
up to	*bis (zu)*
up to now	*bis jetzt*
He isn't up yet.	*Er ist noch nicht auf(gestanden).*

it's up to you	*es hängt von Ihnen ab*
The time/the game is up.	*Die Zeit ist um/das Spiel ist aus.*
What's up?	*Was ist los?*
What's he up to?	*Was hat er vor?*
up and down	*auf und ab*
uphill ['ʌp'hil]	bergauf
[2] **upper** ['ʌpə]	obere(r, s); höhere(r, s); Ober-
upright ['ʌprait]	aufrecht
[2] **upside down** ['ʌpsaid 'daun]	auf den/dem Kopf; verkehrt
[2] **upstairs** ['ʌp'stɛəz]	(die Treppe) hinauf; oben (im Hause)
[2] **urge** [ə:dʒ]	drängen; dringend bitten
[2] **urgent** ['ə:dʒənt]	dringend
[1] **use** [ju:z]	1. *v* benutzen; gebrauchen; verwenden; 2. *s* Gebrauch; Anwendung, Verwendung; Nutzen
use up	*aufbrauchen; verbrauchen*
be/get used to	*gewohnt sein/sich gewöhnen an*
He used to live here.	*Er hat früher hier gewohnt.*
There used to be trees here.	*Hier waren (früher) einmal Bäume.*
make use of	*Gebrauch machen von*
What's the use of it?	*Was hat das für einen Zweck? Was nützt das?*
This tool has many uses.	*Dieses Werkzeug ist vielseitig verwendbar.*
it's no use	*es nützt nichts, es hat keinen Zweck*
[1] **useful** ['ju:sful]	nützlich
[1] **useless** ['ju:slis]	nutzlos; unnütz; unbrauchbar; überflüssig
[1] **usual** ['ju:ʒuəl]	gewöhnlich; üblich
as usual	*wie gewöhnlich*
[1] **usually** ['ju:ʒuəli]	(für) gewöhnlich; meistens

V

[1] **valley** ['væli]	Tal
[2] **valuable** ['væljuəbl]	wertvoll
[2] **value** ['vælju:]	1. *s* Wert; 2. *v* schätzen; bewerten
[2] **variety** [və'raiəti]	Mannigfaltigkeit; Auswahl
[2] **various** ['vɛəriəs]	verschiedene; mehrere
for various reasons	*aus verschiedenen Gründen*
[2] **vary** ['vɛəri]	(sich) (ver)ändern

vase [vɑ:z]	(Blumen-)Vase
[2] **vegetables** *pl* ['vedʒitəblz]	Gemüse
[1] **very** ['veri]	sehr
the very best	*der/die/das allerbeste*
this very question	*genau diese Frage*
the very thought (of it)	*der bloße Gedanke (daran)*
at the very beginning	*ganz am Anfang*
[2] **victory** ['viktəri]	Sieg
[2] **view** [vju:]	(An-, Aus-)Sicht; Blick
in view of	*im Hinblick auf*
[1] **village** ['vilidʒ]	Dorf
[2] **violent** ['vaiələnt]	heftig; gewaltsam
[2] **virtue** ['və:tju:]	Tugend
[1] **visit** ['vizit]	1. *v* besuchen; 2 . *s* Besuch
pay a visit (to)	*e-n Besuch abstatten*
a return visit	*ein Gegenbesuch*
[1] **visitor** ['vizitə]	Besucher(in)
a visitor to London	*ein(e) Besucher(in) Londons*
[1] **voice** [vɔis]	Stimme
[2] **vote** [vəut]	1. *s* (Wahl-)Stimme; Abstimmung; 2. *v* stimmen (für)

W

[2] **wage(s)** [weidʒ ('weidʒiz)]	(Arbeits-)Lohn
[1] **wait** (for) [weit]	warten (auf)
keep s.o. waiting	*jdn warten lassen*
waiting-room	*Wartezimmer*
waiter ['weitə]	Kellner
waitress ['weitris]	Kellnerin
[1] **wake up** [weik] (*auch*: woke, woken)	aufwachen; (auf)wecken
[1] **walk** [wɔ:k]	1. *v* (spazieren)gehen; laufen; 2. *s* Spaziergang
walk up to	*zugehen auf*
go for/take a walk	*e-n Spaziergang machen*
[1] **wall** [wɔ:l]	Wand; Mauer
[1] **want** [wɔnt]	1. *v* wollen; wünschen; 2. *s* Bedürfnis; Mangel
he wants/wanted to go	*er möchte/wollte gehen*
I want you to go.	*Ich möchte, daß Sie gehen.*
The coat wants cleaning.	*Der Mantel muß gereinigt werden.*

wanted	*(in Stellenanzeigen) (es wird/ werden) gesucht*
He's wanted by the police.	*Er wird von der Polizei gesucht.*
[1] **war** [wɔː]	Krieg
declare war (up) on	*(den) Krieg erklären gegen*
[1] **warm** [wɔːm]	warm
warm up	*(auf-, er)wärmen; warm werden*
[1] **warmth** [wɔːmθ]	Wärme
[2] **warn (of)** [wɔːn]	warnen (vor)
[2] **warning** ['wɔːniŋ]	Warnung
[1] **wash** [wɔʃ]	(sich) waschen
wash up	*(Geschirr) abwaschen, spülen*
[2] **waste** [weist]	1. *adj* wüst; öde; unbrauchbar; 2. *s* Abfall(-); Verschwendung; 3. *v* verschwenden
He wasted his time and his money.	*Er hat seine Zeit und sein Geld vergeudet.*
[1] **watch** [wɔtʃ]	1. *v* aufpassen (auf); beobachten; zuschauen; Wache halten; 2. *s* Taschen-, Armbanduhr; Wache
Watch your step!	*Seien Sie vorsichtig! Passen Sie auf!*
[1] **water** ['wɔːtə]	1. *s* Wasser; 2. *v* (be)gießen
watery ['wɔːtəri]	wässerig
[1] **wave** [weiv]	1. *v* wogen, wehen; winken (mit); 2. *s* Welle; Woge
[1] **way** [wei]	Weg; Art (und Weise)
by the way	*übrigens*
in a way	*in gewisser Hinsicht; gewissermaßen*
a long way off	*weit weg*
on the way	*unterwegs*
(just) the other way round	*(gerade) umgekehrt*
Have it your own way.	*Machen Sie, was Sie wollen.*
He went this way.	*Er ging in dieser Richtung.*
This way in, please!	*Hier herein, bitte!*
that way	*auf diese Weise; so*
[1] **weak** [wiːk]	schwach
[1] **weakness** ['wiːknis]	Schwäche
[2] **wealth** [welθ]	Reichtum
[2] **wealthy** ['welθi]	reich; wohlhabend
[2] **weapon** ['wepən]	Waffe
[1] **wear** [wɛə] **(wore, worn)**	*(am Körper)* tragen; anhaben
I'm worn out.	*Ich bin ganz erschöpft.*
[1] **weather** ['weðə]	Wetter

[1] **Wednesday** ['wenzdi]	Mittwoch
weed-killer ['wi:d-'kilə]	Unkrautvertilgungsmittel
[1] **week** [wi:k]	Woche
[1] **weekend** ['wi:k'end]	Wochenende; Wochenend-
[1] **weekly** ['wi:kli]	wöchentlich; Wochenzeitschrift
[1] **weep** [wi:p] **(wept, wept)**	weinen
[1] **weigh** [wei]	wiegen
[1] **weight** [weit]	Gewicht
lose/put on weight	*(an Gewicht) abnehmen/zunehmen*
by weight	*nach Gewicht*
[2] **welcome** ['welkəm]	1. *s* Willkomm(en); 2. *v* begrüßen
They gave us a warm welcome.	*Sie bereiteten uns e-n herzlichen Empfang.*
You are welcome!	*Gern geschehen! Keine Ursache!*
[1] **well** [wel]	gut; wohl; gesund
I'm quite well.	*Es geht mir recht gut.*
He is well off.	*Es geht ihm (wirtschaftlich) gut.*
get well	*gesund werden*
[1] **west** [west]	1. *s* Westen; 2. *adj* westlich, westwärts
[2] **western** ['westən]	westlich; West-; abendländisch
[1] **wet** [wet]	1. *adj* naß; feucht; 2. *v* anfeuchten; naß machen
be wet through	*durchnäßt sein*
[1] **what** [wɔt]	was; welche(r, s); was für (ein)
What for?	*Wozu? Wofür?*
what if	*und was geschieht, wenn*
So what?	*Na und?*
[2] **whatever** [wɔt'evə]	was auch immer
[2] **wheat** [wi:t]	Weizen
[1] **wheel** [wi:l]	Rad
[1] **when** [wen]	wann; wenn; als
About when?	*Ungefähr wann?*
Till when is the shop open?	*Bis wann ist das Geschäft geöffnet?*
[2] **whenever** [wen'evə]	wann auch immer
[1] **where** [wɛə]	wo; wohin; da, wo
whereas [wɛər'æz]	wogegen, während
[1] **wherever** [wɛər'evə]	wo(hin) auch immer
[1] **whether** ['weðə]	ob
[1] **which** [witʃ]	welche(r, s); der, die, das; was
[1] **while** [wail]	während; Weile
a short while ago	*vor kurzem*
for a while	*eine Zeitlang*
[2] **whisper** ['wispə]	1. *v* flüstern; 2. *s* Geflüster

² **whistle** ['wisl]	1. *s* Pfiff; Pfeifen, Pfeife; 2. *v* pfeifen
¹ **white** [wait]	weiß
¹ **who** [hu:]	wer; wen; wem; der, die, das; welche(r, s)
¹ **whoever** [hu(:)'evə]	wer auch immer
¹ **whole** [həul]	ganz
the whole of his money	*sein ganzes Geld*
on the whole	*im großen (und) ganzen*
¹ **wholly** ['həuli]	gänzlich
¹ **whom** [hu:m]	wen; den; wem; dem
¹ **whose** [hu:z]	wessen; dessen; deren
¹ **why** [wai]	warum; weshalb
Why, yes/no!	*Aber ja/nein!*
that's why	*deshalb*
¹ **wide** [waid]	breit; weit; umfassend
He was wide awake.	*Er war hellwach.*
width [widθ]	Breite; Weite
widow ['widəu]	Witwe
widower ['widəuə]	Witwer
¹ **wife,** *pl* **wives** [waif, waivz]	(Ehe-)Frau
¹ **wild** [waild]	wild
¹ **will** [wil]	1. *v* werden; wollen; 2. *s* Wille
He will/won't come back.	*Er wird/wird nicht zurückkommen.*
I would rather	*ich möchte lieber*
they would have done it	*sie hätten es getan*
² **willing** ['wiliŋ]	willig, geneigt; bereitwillig
be (un)willing to	*(nicht) bereit sein zu*
at will	*nach Belieben*
¹ **win** [win] **(won, won)**	gewinnen
¹ **winner** ['winə]	Gewinner(in)
¹ **wind** [wind]	Wind
¹ **windy** ['windi]	windig
² **wind** [waind] **(wound, wound)**	(sich) winden; wickeln
He wound up his watch.	*Er zog seine Uhr auf.*
¹ **window** ['windəu]	Fenster
¹ **wine** [wain]	Wein
¹ **wing** [wiŋ]	Flügel
¹ **winter** ['wintə]	Winter
² **wipe** [waip]	(ab)wischen
¹ **wire** ['waiə]	Draht; Telegramm
by wire	*telegraphisch*
wireless ['waiəlis]	Radio
² **wisdom** ['wizdəm]	Weisheit; Klugheit

1 **wise** [waiz]	weise; klug
1 **wish** [wiʃ]	1. *v* wünschen; 2. *s* Wunsch
I wish I could stay.	*Ich wünschte, ich könnte bleiben.*
He wished for a glass of water.	*Er hatte Verlangen nach e-m Glas Wasser.*
1 **with** [wið]	mit; bei
He lives with his parents.	*Er wohnt bei seinen Eltern.*
She left the child with her aunt.	*Sie ließ das Kind bei ihrer Tante.*
I don't have it with me.	*Ich habe es nicht bei mir.*
1 **within** [wið'in]	in; innerhalb
within reach	*in Reichweite*
1 **without** [wið'aut]	ohne
2 **witness** ['witnis]	1. *s* Zeuge; 2. *v* Zeuge sein; bezeugen; Zeugnis ablegen von
2 **wolf,** *pl* **wolves** [wulf, wulvz]	Wolf
1 **woman,** *pl* **women** ['wumən, 'wimin]	Frau
1 **wonder** ['wʌndə]	1. *v* gern wissen wollen; sich fragen; sich wundern; 2. *s* Wunder; (Er-)Staunen
1 **wonderful** ['wʌndəful]	wunderbar; herrlich
1 **wood** [wud]	Holz; Wald
2 **wooden** ['wudn]	hölzern; Holz-
1 **wool** [wul]	Wolle
1 **woollen** ['wulən]	wollen; Woll-
1 **word** [wə:d]	Wort
word for word	*Wort für Wort; (wort)wörtlich*
in a word	*mit einem Wort*
in other words	*mit anderen Worten*
have words with s.o.	*sich mit jdm streiten*
leave word	*e-e Nachricht/e-n Bescheid hinterlassen*
take s.o. at his word	*jdn beim Wort nehmen*
1 **work** [wə:k]	1. *s* Arbeit; Werk; 2. *v* arbeiten; funktionieren
He's at work now.	*Er ist jetzt bei der Arbeit.*
the works of Shakespeare	*Shakespeares Werke*
He worked hard.	*Er hat sich angestrengt.*
1 **worker** ['wə:kə]	Arbeiter
2 **workman** ['wə:kmən]	Arbeiter
workshop ['wə:kʃɔp]	Werkstatt
1 **world** [wə:ld]	Welt; Erde
for the (whole) world	*um alles in der Welt*

[2] **worm** [wə:m]	Wurm
[2] **worry** ['wʌri]	(sich) Sorgen machen; beunruhigen
He's very worried about her.	*Er macht sich große Sorgen um sie.*
Don't worry!	*Machen Sie sich keine Sorgen!*
[1] **worse** [wə:s]	schlechter; schlimmer
He is much worse today.	*Es geht ihm heute viel schlechter.*
be worse off	*schlimmer dran sein*
worship ['wə:ʃip]	1. *s* Verehrung; Anbetung; Gottesdienst; 2. *v* verehren; anbeten
[1] **worst** [wə:st]	schlechte(r, s); schlimmste(r, s)
The worst of it is that	*Das Schlimmste daran ist, daß*
The worst is yet to come.	*Das Schlimmste kommt noch.*
at (the) worst	*schlimmstenfalls*
[1] **worth** [wə:θ]	wert
it's worth reading/visiting	*es lohnt sich zu lesen/zu besuchen*
It's worth the trouble.	*Es ist der Mühe wert.*
be worth while to	*der Mühe wert sein, sich lohnen*
a worth-while experiment	*ein lohnender Versuch*
[1] **worthless** ['wə:θlis]	wertlos
[2] **worthy** (of) ['wə:ði]	(e-r Sache) würdig, wert
[2] **wound** [wu:nd]	1. *s* Wunde; 2. *v* verletzen
[2] **wrap** [ræp]	(ein)wickeln; einhüllen
be wrapped up in	*völlig in Anspruch genommen sein von, ganz aufgehen in*
[2] **wreck** [rek]	1. *s* Wrack; Schiffsbruch; Unglück; 2. *v* zerstören; zertrümmern
[1] **write** [rait] (wrote, written)	schreiben
write down (s. th.)	*(sich etw) aufschreiben*
written	*geschrieben; schriftlich*
[2] **writer** ['raitə]	Schriftsteller(in); Verfasser(in)
[2] **writing** ['raitiŋ]	Schreiben; Schrift
in writing	*schriftlich*
[1] **wrong** [rɔŋ]	falsch; unrecht
do s.th. wrong	*etw verkehrt machen*
go wrong	*schiefgehen, mißlingen*
Is anything wrong with you?	*Fehlt Ihnen etwas?*
There's something wrong.	*Es ist etwas nicht in Ordnung.*
You're wrong.	*Sie haben unrecht. Sie irren sich.*

Y

1 **yard** [jɑːd]	Hof; Yard *(= 3 Fuß = 0,914 m)*
1 **year** [jəː, jiə]	Jahr
1 **yearly** ['jəːli, 'jiəli]	jährlich
1 **yellow** [jeləu]	gelb
1 **yes** [jes]	ja(wohl)
1 **yesterday** ['jestədi]	gestern
1 **yet** [jet]	noch; schon; doch
as yet	*bisher; bis jetzt*
not yet	*noch nicht*
1 **you** [juː]	du, dir, dich; ihr, euch; Sie, Ihnen; man
1 **your** [jɔː]	dein(e); euer, eure; Ihr(e)
Is this book yours? [jɔːz]	*Gehört dieses Buch Ihnen?*
1 **young** [jʌŋ]	jung
young people	*Jugend; Jugendliche; junge Leute*
the young	*die Jungen; die Jugend*
2 **youth** [juːθ]	Jugend
2 **youthful** ['juːθful]	jugendlich

Z

zero ['ziərəu]	Null
zone [zəun]	Zone
zoo [zuː]	Zoo

Unregelmäßige Zeitwörter

* bedeutet, daß auch die regelmäßige Form auf *-ed* vorkommt.

bear [ɛə]	bore [ɔ:]	borne [ɔ:]	(er)tragen
bear	bore	born	gebären
beat [i:]	beat [i:]	beaten [i:]	schlagen
become [ʌ]	became [ei]	become [ʌ]	werden
begin [i]	began [æ]	begun [ʌ]	beginnen, anfangen
bet [e]	bet*	bet*	wetten
bite [ai]	bit [i]	bit(ten) [i]	beißen
bleed [i:]	bled [e]	bled	bluten
blow [əu]	blew [u:]	blown [əu]	blasen
break [ei]	broke [əu]	broken [əu]	(zer)brechen
bring [i]	brought [ɔ:]	brought	bringen
build [i]	built [i]	built	bauen
burn [ə:]	burnt* [ə:]	burnt*	(ver)brennen
burst [ə:]	burst	burst	platzen
buy [ai]	bought [ɔ:]	bought	kaufen
catch [æ]	caught [ɔ:]	caught	fangen
choose [u:]	chose [əu]	chosen [əu]	wählen
come [ʌ]	came [ei]	come [ʌ]	kommen
cost [ɔ]	cost	cost	kosten
creep [i:]	crept [e]	crept	kriechen
cut [ʌ]	cut	cut	schneiden
deal [i:]	dealt [e]	dealt	handeln
do [u:]	did [i]	done [ʌ]	tun
draw [ɔ:]	drew [u:]	drawn [ɔ:]	ziehen; zeichnen
drink [i]	drank [æ]	drunk [ʌ]	trinken
drive [ai]	drove [əu]	driven [i]	treiben; fahren
eat [i:]	ate [et]	eaten [i:]	essen
fall [ɔ:]	fell [e]	fallen [ɔ:]	fallen
feed [i:]	fed [e]	fed	füttern
feel [i:]	felt [e]	felt	(sich) fühlen
fight [ai]	fought [ɔ:]	fought	kämpfen
find [ai]	found [au]	found	finden
fly [ai]	flew [u:]	flown [əu]	fliegen
forbid [i]	forbad(e) [æ]	forbidden [i]	verbieten
forget [e]	forgot [ɔ]	forgotten [ɔ]	vergessen
forgive [i]	forgave [ei]	forgiven [i]	vergeben
get [e]	got [ɔ]	got	bekommen; werden
give [i]	gave [ei]	given [i]	geben
go [əu]	went [e]	gone [ɔ]	gehen
grow [əu]	grew [u:]	grown [əu]	wachsen; anbauen

hang [æ]	hung [ʌ]	hung	(auf)hängen
have	had	had	haben
hear [iə]	heard [ə:]	heard	hören
hide [ai]	hid [i]	hidden	(sich) verstecken
hit [i]	hit	hit	schlagen; treffen
hold [əu]	held [e]	held	halten
hurt [ə:]	hurt	hurt	verletzen; weh tun
keep [i:]	kept [e]	kept	(be)halten; aufbewahren
know [əu]	knew [u:]	known [əu]	kennen; wissen
lay [ei]	laid [ei]	laid	legen
lead [i:]	led [e]	led	leiten, führen
learn [ə:]	learnt* [ə:]	learnt*	lernen; erfahren
leave [i:]	left [e]	left	(ver)lassen
lend [e]	lent	lent	leihen
let [e]	let	let	lassen
lie [ai]	lay [ei]	lain [ei]	liegen
light [ai]	lit* [i]	lit*	anzünden; erleuchten
lose [lu:z]	lost [ɔ]	lost	verlieren
make [ei]	made [ei]	made	machen
mean [i:]	meant [e]	meant	meinen; bedeuten
meet [i:]	met [e]	met	begegnen, treffen
pay [ei]	paid [ei]	paid	(be)zahlen
put [u]	put	put	legen, setzen, stellen
read [i:]	read [e]	read [e]	lesen
ride [ai]	rode [əu]	ridden [i]	reiten; fahren
ring [i]	rang [æ]	rung [ʌ]	läuten; anrufen (Telefon)
rise [raiz]	rose [əu]	risen [i]	aufstehen; aufgehen
run [ʌ]	ran [æ]	run [ʌ]	rennen, laufen
say [ei]	said [e]	said	sagen
see [i:]	saw [ɔ:]	seen [i:]	sehen
sell [e]	sold [əu]	sold	verkaufen
send [e]	sent	sent	senden, schicken
set [e]	set	set	setzen, stellen
shake [ei]	shook [u]	shaken [ei]	schütteln
shine [ai]	shone [ɔ]	shone	scheinen; glänzen
shoot [u:]	shot	shot	schießen
show [əu]	showed [əu]	shown [əu]	zeigen
shut [ʌ]	shut	shut	zumachen
sing [i]	sang [æ]	sung [ʌ]	singen
sink [i]	sank [æ]	sunk [ʌ]	sinken; versenken
sit [i]	sat [æ]	sat	sitzen
sleep [i:]	slept [e]	slept	schlafen
speak [i:]	spoke [əu]	spoken [əu]	sprechen

spell [e]	spelt* [e]	spelt*	buchstabieren
spend [e]	spent	spent	ausgeben; verbringen
spoil [ɔi]	spoilt* [ɔi]	spoilt*	verderben
spread [e]	spread [e]	spread	(sich) aus-, verbreiten
stand [æ]	stood [u]	stood	stehen
steal [i:]	stole [əu]	stolen [əu]	stehlen
stick [i]	stuck [ʌ]	stuck	(an)stecken; (an)kleben
strike [ai]	struck [ʌ]	struck	stoßen, schlagen
swear [ɛə]	swore [ɔ:]	sworn	schwören; fluchen
sweep [i:]	swept [e]	swept	fegen, kehren
swim [i]	swam [æ]	swum [ʌ]	schwimmen
take [ei]	took [u]	taken [ei]	nehmen; bringen
teach [i:]	taught [ɔ:]	taught	lehren
tear [ɛə]	tore [ɔ:]	torn [ɔ:]	zerreißen
tell [e]	told [əu]	told	erzählen; (es) sagen
think [i]	thought [ɔ:]	thought	denken, glauben
throw [əu]	threw [u:]	thrown [əu]	werfen
understand	understood	understood	verstehen
wake [ei]	woke* [əu]	woke(n)*	wecken; aufwachen
wear [ɛə]	wore [ɔ:]	worn [ɔ:]	tragen (Kleider)
win [i]	won [ʌ]	won	gewinnen
write [rait]	wrote [əu]	written [i]	schreiben

Gebräuchlichste Zeitwörter — operators

Wer bereits die Erfahrung einer typischen englischen Alltagsunterhaltung gemacht hat, etwa bei einem Ferienaufenthalt in England, weiß, daß sich in der englischen Umgangssprache viel mehr als im Französischen oder Deutschen bestimmte Wörter ständig wiederholen und dabei ständig ihre Bedeutung und Funktion variieren. Wörter wie *do, get, take*, usw., sogenannte *operators*, müssen daher im Deutschen fast in jedem Falle durch eine spezifische Übersetzung wiedergegeben werden. Da sich besonders für den Anfänger die Schwierigkeit ergibt, ihre dynamische Bedeutungsvielfalt und universelle Anwendbarkeit auszuschöpfen und im Dialog zu reproduzieren, ist es sinnvoll, wenigstens die wichtigsten Zeitwörter so kontextualisiert zusammenzustellen, wie sie in normalen Alltagssituationen in typischen Bedeutungsschattierungen immer wieder auftreten.

Come

You must come and see us soon!	Sie müssen uns bald mal *besuchen kommen!*
Come and see me tomorrow!	*Kommen* Sie morgen *vorbei!*
Come on!	*Nun komm schon! Los! Beeil dich!*
He came over to our table.	Er *kam an* unseren Tisch (*herüber*).
What does that come to?	*Was macht das?*
They've come to a decision.	Sie haben *eine Entscheidung getroffen.*
How did that come about?	Wie ist das *geschehen/passiert?*
She comes from Dublin.	Sie *stammt aus* Dublin.
This button has come off.	Dieser Knopf ist *abgegangen.*
Come in!	*Herein!*
Is someone coming for you?	Werden Sie *abgeholt?*
Come off it!	*Das ist doch nicht dein Ernst!*
He hasn't come yet.	*Er ist noch nicht da.*
What's come over you?	*Was ist in dich gefahren?*

Do

Do you like London?	*Gefällt* Ihnen London?
I can't do without a car any longer.	Ich *komme nicht mehr* ohne Auto *aus.*
He is doing well at school.	*Er macht sich gut* in der Schule.
"I prefer coffee to tea".— "So do I".	„Ich trinke lieber Kaffee als Tee." — „*Ich auch.*"

She lives alone, doesn't she?	Sie wohnt allein, *nicht wahr?*
Well done!	*Gut gemacht!*
He is doing medicine.	Er *studiert* Medizin.
I must do my hair.	Ich muß meine Haare *kämmen.*
She has had her hair done.	Sie hat *sich die Haare legen lassen.*
What have you been doing with yourself?	Was hast du *getrieben?*
I could do with a cup of tea now!	*Ich würde jetzt gern* eine Tasse Tee *trinken!*
How would you like your steak done?	Wie möchten Sie Ihr Steak (*gebraten*) *haben?*
That'll do.	*Das reicht.*
That won't do at all!	*Das genügt* bei weitem *nicht.*
That's nothing to do with you!	*Das geht dich nichts an!*
It won't do any harm.	Das *schadet* gar nichts.
I've done with him!	*Ich will von ihm nichts mehr wissen.*
What are we doing this afternoon?	*Was machen wir* heute nachmittag?
I'm doing my best.	*Ich tue* mein Bestes.
His car does eighty-five.	Sein Wagen *fährt* 85 Meilen in der Stunde.
My husband does the washing up sometimes.	Manchmal *spült mein* Mann (*das Geschirr*) *ab.*
What can I do for you?	Womit kann ich Ihnen *dienen?*
Two pounds will do.	Zwei Pfund *genügen.*
We did a lot of walking.	Wir sind viel *gelaufen.*
Do come!	*Kommen Sie doch!*
How do you do?	*Guten Tag.* (Begrüßungsformel)

Get

Go and get your hair cut!	*Laß* dir die Haare schneiden!
They got along well together.	*Sie kamen gut miteinander aus.*
He's getting on well.	Er *kommt gut voran.*
He's getting better.	Es *geht ihm schon besser.*
How are you getting on with it?	Wie *kommst du* damit *zurecht?*
I don't get it!	Das *versteh* ich nicht.
The thieves got away.	Die Diebe *entkamen.*
What time did you get up this morning?	Wann *bist du* heute *aufgestanden?*
I must get off at the next stop.	An der nächsten Haltestelle *muß ich aussteigen.*
How do I get to the station?	Wie *komme ich* zum Bahnhof?
I've got to go now.	Ich *muß* jetzt gehen.

He's got the flu!	Er *hat* Grippe.
Let's get going!	*Auf geht's!*
We must get together sometime.	Wir *müssen uns* mal *treffen.*
Shall I get the lunch now?	Soll ich jetzt das Mittagessen *machen?*
How did you get home last night?	Wie sind Sie gestern Abend *nach Hause gekommen?*
I got to know her on holiday.	*Ich habe* sie im Urlaub *kennengelernt.*
I'll get in touch with you.	Ich werde mich mit dir *in Verbindung setzen.*
Which train do we get?	Welchen Zug *nehmen wir?*
It's getting late, we must go.	*Es wird spät,* wir müssen gehen.
I don't know what's got into him!	Ich weiß nicht, *was in ihn gefahren* ist.
He got out of his car.	Er *stieg aus* dem Auto aus.
He got a lot of presents.	Er *bekam* eine Menge Geschenke.
Go and get me some stamps, please!	*Geh* mir bitte einige Briefmarken *holen!*
The bus gets here at ten o'clock.	Der Bus *kommt* (hier) um zehn Uhr *an.*
We got wet.	*Wir sind naß geworden.*
Get some new ideas!	*Laß dir etwas einfallen!*
He's got engaged.	Er *hat* sich verlobt.
They got across the road.	Sie *kamen gut über* die Straße.
The train stopped. I got in.	Der Zug hielt. *Ich stieg ein.*
I got in a fix.	Ich *geriet* in eine Klemme.

Go

That goes without saying.	Das *versteht sich* von selbst.
What time does your plane go?	Wann *geht* Ihr Flugzeug?
We shall go by train.	Wir *nehmen* den Zug.
The car wouldn't go.	Das Auto *fuhr* einfach nicht mehr.
Where does this road go to?	Wohin *führt* diese Straße?
The time went very quickly.	Die Zeit *verging* sehr schnell.
My money has gone.	Mein Geld *ist weg.*
My money has all gone.	Mein ganzes Geld *ist alle.*
He went on and on.	*Er hörte einfach nicht mehr auf.*
I must go shopping now.	Ich muß jetzt *einkaufen gehen.*
What's gone wrong?	Was ist da *schiefgegangen?*
Let go!	*Loslassen!*
Shall we go for a walk?	Wollen wir *einen Spaziergang machen?*

Where do these cups go?	Wo *gehören/kommen* die Tassen *hin?*
The price of milk has gone up.	Der Milchpreis ist *gestiegen.*
That hat doesn't go with your coat.	Dieser Hut *paßt nicht zu* Ihrem Mantel.
Off you go!	*Ab mit Dir! Los!*
That goes for all of you!	Das *gilt* für euch alle.
There's a lot going on here today.	Heute *ist* hier eine Menge *los.*
He went bankrupt.	Er *machte* Pleite/ging bankrott.
Go on, please!	*Machen Sie bitte weiter!*
Who did you go out with?	Mit wem bist du *ausgegangen?*
He's going abroad for a week.	Er will eine Woche lang *ins Ausland fahren.*
I'm going to sell the car.	Ich *werde* das Auto verkaufen.

Have

Have a biscuit!	*Nehmen Sie* einen Keks!
I'll have a look for it.	Ich werde danach *suchen.*
I have it!	*Ich hab's.*
I'm going to have a bath now.	Ich werde jetzt *ein Bad nehmen.*
Let's have a game of tennis!	Laß uns *Tennis spielen!*
Let's have a go!	*Versuchen wir's mal!*
I'm going to have it out with him.	Ich werde mit ihm *reinen Tisch machen.*
What did you have in mind?	Was hatten Sie sich *gedacht?*
Very well, have it your own way!	Nun gut, *machen Sie, was Sie wollen.*
He always has his way.	Er muß immer *seinen Willen durchsetzen.*
We've had it now!	*Jetzt ist alles zu spät.*
Have you got the time?	*Hast du* die Uhrzeit?
We're having our house painted.	*Wir lassen* unser Haus *anstreichen.*
I've got to have four teeth out.	*Ich muß* mir vier Zähne *ziehen lassen.*
I've got a cold.	*Ich habe* eine Erkältung. *Ich habe mich erkältet.*
Have you got a car?	*Hast du* (*haben Sie*) ein Auto?
I usually have breakfast at seven.	Gewöhnlich *frühstücke ich* um sieben.
Shall we have a cup of tea now?	Sollen wir jetzt erst mal eine Tasse *Tee trinken?*

Keep

Keep out!	*Eintritt verboten!*
Keep left!	*Links halten!*
They couldn't keep up with us.	Sie konnten nicht mit uns *Schritt halten.*
I'll keep that in mind.	Das werd' ich mir *merken.*
Come and keep me company!	*Leisten* Sie mir (doch) *Gesellschaft!*
My father keeps a shop.	Mein Vater *führt ein Geschäft.*
I mustn't keep you from your work.	Ich darf Sie nicht *von Ihrer Arbeit abhalten.*
Keep smiling!	*Kopf hoch!*
Keep off the grass!	Rasen *betreten verboten!*
I hope this weather keeps up!	Hoffentlich *hält sich* das Wetter!
I have an appointment to keep.	Ich muß eine Verabredung *einhalten.*
Have I kept you waiting?	Habe ich Sie *warten lassen?*
I won't keep you long.	Ich werde Sie nicht lange *aufhalten.*
Keep this to yourself!	Behalten Sie das für sich!
Keep it up!	*Nur so weiter! Nicht nachgeben!*
She keeps herself to herself.	*Sie hält sich abseits.*
Keep to the point!	*Bleib bei der Sache!*
We must keep down our expenses.	Wir müssen unsere Ausgaben *einschränken.*
You must keep up your English.	Sie dürfen Ihr Englisch *nicht vernachlässigen.*
I'll keep an eye on you.	Ich werde auf dich *aufpassen.*
He kept his promise.	Er *hielt* sein Versprechen.
Would you be so kind as to keep this seat for me?	Würden Sie bitte so freundlich sein und mir diesen *Platz freihalten?*
He couldn't keep quiet any longer.	Er konnte nicht länger *den Mund halten.*
Keep quiet!	*Sei still*
Keep calm!	*Bleibe ruhig!*

Make

I'll never make it.	Ich werd's nie *schaffen.*
That doesn't make sense to me.	*Ich werde daraus nicht schlau.*
I can't make out what he's saying.	*Ich verstehe nicht,* was er sagt.
I can't make any decision yet.	Ich kann *mich* noch nicht *entscheiden.*
That makes no difference to me.	*Das ist mir egal.*

Make sure the door is shut!	*Sieh zu*, daß die Tür geschlossen ist.
Whatever made you do that?	*Wie kamst du dazu*, das zu tun?
What is her dress made of?	*Aus welchem Stoff ist* ihr Kleid?
What time do you make it?	*Wie spät hast du es?*
He will make a good doctor.	Er wird einen guten Arzt *abgeben*.
I want to make the most of my holiday.	Ich möchte *das meiste* aus meinem Urlaub *herausholen*.
Where are you making for?	*Wohin gehst du? Wo gehst du hin?*
Shall I make out a cheque for you?	Soll ich Ihnen *einen Scheck ausstellen?*
He made up the whole story.	Er hat die ganze Geschichte *erfunden*.
He has been made director.	*Er ist* zum Direktor *ernannt worden*.
She spends hours making up.	Sie verbringt Stunden, *um sich zu schminken*.
I have a confession to make.	Ich muß *ein Geständnis ablegen*.
He's always making a fool of himself!	*Er macht sich* ständig *lächerlich*.
She seems to make friends easily.	Sie scheint leicht *Freundschaften* zu *schließen*.
Please don't make fun of me!	*Lach* mich bitte nicht *aus!*
Make yourself at home!	*Fühl dich* ganz wie zu Hause.
He is making a speech.	Er *hält* eine Rede.
Don't make me laugh!	*Bringen* Sie mich nicht zum Lachen! Das ist ja zum Lachen!
He's making a lot of money.	Er *verdient* viel Geld.
We've got to make up for lost time.	Wir müssen die verlorene Zeit wieder *hereinholen*.
I can't make up my mind.	*Ich kann zu keinem Entschluß kommen*.

Put

He put the letter in the envelope.	Er *steckte* den Brief *in* den Umschlag.
Put the teapot on the table!	*Stell* die Teekanne *auf* den Tisch!
She put on her new dress.	Sie *zog* sich ihr neues Kleid *an*.
He put on his hat.	Er *setzte* sich den Hut *auf*.
The prices have been put up again.	Die Preise sind wieder *erhöht* worden.
He put a lot of work into that.	Er hat eine Menge Arbeit *hineingesteckt*.

We had to put off the trip.	Wir mußten die Reise *verschieben.*
Will you please put the light out!	Würden Sie bitte das Licht *ausmachen.*
I'm not putting up with it!	*Das laß ich mir nicht gefallen!*
Please put down your address!	*Schreiben* Sie bitte Ihre Adresse *auf!*
Please put your things away!	*Räum* bitte deine Sachen *weg.*
He has put on weight again.	Er hat wieder *zugenommen.*
They always put the blame on me!	Sie *schieben* stets mir *die Schuld in die Schuhe.*
Please put that down on my account!	*Schreiben* Sie mir das bitte *an!*
He's put in an application.	Er hat eine Bewerbung *eingereicht.*
You're putting me off!	*Du störst (mich)!*

Take

The jet took off.	Das Düsenflugzeug *startete.*
He took off his coat.	Er *zog* den Mantel *aus.*
He took off his hat.	Er *nahm* den Hut *ab.*
He took her out.	Er *führte* sie *aus.*
Will you take over here, please!	*Übernehmen* Sie hier bitte *die Verantwortung.*
I'm going to take you round London.	Ich werde Ihnen London *zeigen.*
I'm going to take you with me.	Ich werde Sie *mitnehmen.*
She takes an interest in music.	Sie *interessiert sich* für Musik.
I'll take you home now.	Ich *bring* dich jetzt *nach Hause.*
Take it or leave it.	*Mach was du willst.*
Who'll take care of the baby?	Wer wird *sich* ums Baby *kümmern?*
He took his courage in both hands.	Er *nahm allen Mut zusammen.*
He has been taken ill.	*Er ist krank geworden.*
Will that take you long?	*Brauchst* du lange dazu?
It'll take me five hours.	*Ich werde* fünf Stunden dazu *brauchen.*
The party takes place this evening.	Die Party *findet* heute abend *statt.*
These seats are taken.	Diese Plätze sind *besetzt.*
Let's take a break first!	*Machen* wir erst mal eine Pause!
Take a look at this!	*Sieh* dir/sehen Sie sich das (mal) *an!*
The doctor took my temperature.	Der Arzt *maß* meine Temperatur.

I took you for a German.	Ich *hielt* Sie *für* eine(n) Deutsche(n).
Don't take risks!	*Gehen* Sie kein Risiko *ein!*
Let's take a short cut.	*Kürzen* wir den Weg *ab.*
He took hold of the chair.	Er *ergriff* den Stuhl.
May I take photographs here?	Darf ich hier *fotografieren?*
Take your time!	*Lassen Sie sich Zeit!*
Take it easy!	*Immer mit der Ruhe!*
They took it in turns to drive.	*Sie lösten sich* mit dem Fahren *ab.*
What size do you take?	Welche Größe *haben Sie?*
You must take the dog for a walk.	Du mußt den Hund *ausführen.*
Which newspaper do you take?	Welche Zeitung *halten* Sie?
He has taken on too much.	Er hat sich zu viel *vorgenommen.*
I've taken to smoking.	Ich habe mir das Rauchen *angewöhnt.*